Das Buch

Alois Brandstetters scharfgeschliffene gesellschaftskritische Satiren, die früher die großen und kleinen Schwächen der sogenannten kleinen Leute aufs Korn nahmen und ‚Zu Lasten der Briefträger‘ gingen, haben diesmal die höheren Etagen der Gesellschaft im Visier. Es sind die Würdenträger und Honoratiori aus Politik, Kultur und Kirche, die in brillant spöttischer Manier ihr Fett abkriegen; Heldentenöre, die keine Helden und mitunter nicht einmal Tenöre sind, kommen ebensowenig ungeschoren davon wie jener nationale Skisport-Heroe, dessen sportliche Karriere als späterer Abonnementssieger im Abfahrtslauf damit beginnt, daß er seinen elendslangen Schulweg ins Tal hinunter per Ski zurücklegt. „Er fährt von Jahr zu Jahr schneller in die Schule, weiß aber von Jahr zu Jahr weniger" und rast „am Schluß praktisch nur noch zum Sitzenbleiben zur Schule". Sein Lehrer äußert nachträglich den Verdacht, er sei nur deshalb immer Erster geworden, weil er nicht besonders weit habe zählen können. – Zu verfolgen, wie Brandstetters humorvoll verpackte satirische Scharfschüsse stets präzis ihr Ziel treffen, bereitet ein köstliches Lesevergnügen.

Der Autor

Alois Brandstetter wurde 1938 in Pichl (Oberösterreich) geboren. Nach dem Studium der Germanistik und Geschichte Promotion zum Dr. phil., 1970 Habilitation. Von 1972 bis 1974 war er Professor für Altgermanistik an der Universität des Saarlandes. Seit August 1974 lehrt er an der Hochschule für Bildungswissenschaften in Klagenfurt. Buchpublikationen: ‚Überwindung der Blitzangst‘ (1971), ‚Ausfälle‘ (1971), ‚Zu Lasten der Briefträger‘ (1974), ‚Die Abtei‘ (1977). 1973 gab Brandstetter die Anthologie ‚Daheim ist daheim‘ heraus.

Alois Brandstetter:
Der Leumund des Löwen
Geschichten von großen Tieren und Menschen

Deutscher
Taschenbuch
Verlag

Ungekürzte Ausgabe
November 1978
Deutscher Taschenbuch Verlag GmbH & Co. KG, München
© 1976 Residenz Verlag, Salzburg · ISBN 3-7017-0150-4
Umschlaggestaltung: Celestino Piatti
Gesamtherstellung: C. H. Beck'sche Buchdruckerei, Nördlingen
Printed in Germany · ISBN 3-423-05458-1

Der Herr Doktor

Früher haben die Friseure neben dem Haarschneiden auch die ärztliche Betreuung der Bevölkerung übernommen. Mittlerweile hat sich die Medizin zu einem eigenen Beruf entwickelt. Ja, die Sachwalter der Medizin, Ärzte oder Doktoren genannt, haben die Friseure an gesellschaftlichem Ansehen sogar weit überflügelt. Ein Friseur lernt heute bis zum Gesellen vier Jahre, ein Mediziner benötigt aber acht Semester. Der Friseur braucht keine Matura, der Arzt braucht die Matura, hauptsächlich wegen des Lateins und damit er sich nach dem Theater oder bei ähnlichen gesellschaftlichen Anlässen mit anderen Gebildeten ein wenig unterhalten kann. Gute Allgemein- und Herzensbildung sollte jeder Jünger Äskulaps besitzen.
Spezialistentum gab es schon immer. Der eine war gut im Barbieren und Rasieren, der andere besser im Coiffieren und Frisieren, der dritte im Badern, der vierte wieder im Schröpfen, Aderlassen, Blutegelansetzen und so fort. Die Anforderungen an die Friseure waren natürlich bescheiden, weil bei den Männern die Kahlhäuptigkeit in hohem Ansehen stand und die

Frauen, außer die besonders hochgestellten, die sich Zofen hielten, keinen Friseur kannten. Hose, Zigarette und Frisur sind Ergebnisse der Frauenemanzipation.

Medizin ist eine Kunst. Studiert wird sie indessen nicht an der Kunstakademie, sondern an der Universität. Anatomie an der Akademie der Bildenden Künste bedeutet Aktzeichnen und wird bei lebendigem Leib vorgenommen. Neben dem Studium der Natur braucht aber auch ein Mediziner Phantasie und Intuition. Das gilt vor allem für den Chirurgen, der sich mit den Opfern schwerer Verkehrsunfälle beschäftigen muß. Freilich soll auch in diesen Fällen die Natur als das korrektive Leitbild dienen. Im Sinne der von L. Ranke formulierten Maxime des Historikers muß auch der Arzt zu rekonstruieren trachten, „wie es eigentlich gewesen ist". Hin und wieder trifft man einen Bekannten nach einem Unfall und einem längeren Krankenhausaufenthalt und erkennt ihn kaum wieder, sieht aus wie eine der Gestalten auf den Bildern Pablo Picassos. Dann weißt du, daß der Betreffende bei einem Kubisten in Arbeit war, der ärmste ist einem Vertreter des chirurgischen Surrealismus in die Hände gefallen.

Es gibt eine Unzahl lustiger Witze über ärztliche Kunstfehler. Nur diejenigen, an denen sie begangen wurden, können darüber nicht lachen, einige von ihnen lachen überhaupt nicht mehr. Das ist der Witz an der Sache.

Schaurig und nicht schön sind auch die Geschichten, die aus den Seziersälen der Medizinischen Fakultäten ins Freie dringen. Etwa das Horrormärchen von jener überragenden medizinischen Kapazität, die vor lauter wissenschaftlichem und karrieristischem Eifer und Ehrgeiz das Allermenschlichste und seine gute, alte, verwitwete Mutter so sehr vernachlässigt, ja vergißt, daß diese in bitterste Not gerät und auf dem Umweg über Altersheim und Armenhaus schließlich in einer Chloroformlösung der Prosektur landet und zu schlechter Letzt von den Pedellen zufällig ihrem Sohn, dem berühmten Professor, auf den Seziertisch gehoben wird, worauf dieser mit hellem Entsetzen in den Augen seine Mutter und seine Untat erkennt, zu spät. Ist es zu viel verlangt, wenn man erwartet, daß sich ein solcher Mensch auf der Stelle mit Messer und Gabel seines Sezierbestecks den Garaus macht, ich weiß es nicht.

Stolz zeigen die Medizinstudenten Erinnerungsphotos her, auf denen sie mit ihrer Leiche abgebildet sind, der sie einen fidelen Namen gaben und die sie ein wenig schmückten, indem sie ihr einen Hut aufsetzten. Man gewöhnt sich an einen Menschen, sagen sie, wenn man wochenlang mit ihm arbeitet und ihn in- und auswendig kennt, weil man ihn bis ins kleinste zergliedert und zerfasert. Und ein Zyniker sagt: Für viele von den vereinsamten alten Menschen, die in den Seziersaal kommen, ist es nach Jahren das erste Mal, daß sich wieder einmal jemand intensiv mit ihnen abgibt. Nur die Wirklichkeit, Freunde, ist häßlicher als der zynische Satz dieses Mediziners.

Sein Lebtag hat es der Arzt mit Tabus zu tun. So gewöhnt er sich am besten früh an umschreibende und verhüllende Ausdrucksweisen. Latein ist da eine große Hilfe. Der Patient aber soll am besten nicht alles wissen wollen. Der Herr Doktor denkt sich etwas dabei, wenn er einem Patienten vegetative Dystonie bescheinigt. Jetzt soll der Patient um Himmels willen nicht verrückt sein und eine genauere und schärfere Diagnose verlangen. Der Wahnsinn wird noch früh genug ausbrechen. Und so unrichtig ist das alles gar nicht. Bei Kieferkrebs kann auch Zahnweh auftreten. Natürlich ist die Diagnose auf Zahnweh in diesem Fall eine Untertreibung, aber falsch ist sie nicht.

Eine ähnliche Rolle wie das Lateinische spielt auch die unleserliche Schrift der Mediziner. Derjenige, für den das Rezept oder die Mitteilung bestimmt ist, der Apotheker oder der Kollege, kann es lesen, das reicht.

Der Patient leidet, und der Arzt weiß und denkt sich sein Teil. Wer immer am Nimbus der weißen Götter kratzt, muß wissen, daß er die Mehrzahl der Patienten damit nicht glücklicher und gesünder, sondern im Gegenteil hilfloser und kranker macht. Die Wahrheit ist an und für sich unerträglich, ja in jedem Fall die unerträglichste.

Doch von diesen philosophischen Überlegungen zurück zum Studium, das wir zur Freude der Eltern schnell abschließen wollen, um endlich zur Sache, das heißt ans große Geld zu kommen.

Denn viel wird von den Ärzten verlangt, aber sie verlangen auch selbst nicht wenig. Kein anderer Berufsstand ist so sehr den Verlockungen des Materiellen ausgesetzt wie der medizinische. Der Tod macht flüssig. Am Schluß bekommt alles der Arzt, und was dann noch übrig bleibt vielleicht die Kirche. Nun ist es in guten Händen.

Ein Blick auf jene verschwindende Minderheit von Einkommensmillionären unter den Ärzten, die das Berufsbild der Mediziner durch ärgerliche Zeitungs- und Illustriertenberichte so sehr belasten: Natürlich können nur sehr wenige sehr viel verdienen. Und müßten erst einmal alle ihr gesamtes Vermögen in die Gesundheit investieren, dann würden viele womöglich nicht einmal mehr gesund sein wollen. Es ist eine einfache Rechnung: Soll eine medizinische Koryphäe, die einen vielverdienenden Politiker oder einen reichen Künstler behandelt, vielleicht wenig verdienen? Die Ungleichheit beginnt, wie man sieht, an einer anderen Stelle. Die Ärzte denken sich nichts dabei. Der Dirigent kann den Klangkörper ja gar nicht leiten, wenn ihn der Arzt nicht wieder auf die Beine bringt. Und auch der König braucht für die Krone seinen Kopf. Es ist eine literarische Spitzfindigkeit, wenn es im Text „Der Herr Doktor" von A. Brandstetter heißt, daß die Ärzte mit den Diktatoren auch die Diktaturen aufrecht erhalten.

Der Ehrenbürger

Entweder zwei oder keiner. Die Schwarzen schlagen einen vor, und die Roten schlagen einen vor. Die Schwarzen sagen, daß der Rote nach ihrer schwarzen Meinung die Ehrenbürgerwürde an und für sich nicht verdient, aber wenn die Roten dem Schwarzen ihre Zustimmung geben, der nach deren roter Meinung die Ehrenbürgerwürde an und für sich nicht verdient, dann wollen sie, die Schwarzen, auch dem Roten ihre Zustimmung nicht verweigern. Wir haben es also mit zwei Gruppen, A und B, zu tun, sowie mit zwei Individuen, X und Y oder besser klein a und klein b, wobei die Gruppe A für a und nicht gegen b, und die Gruppe B für b und nicht gegen a votiert, ein klassischer Fall von Kompromiß, und wer enthält sich der Stimme?

In Gottes Namen, sagen die Schwarzen, müssen wir die schwarze Krot halt schlücken, sagen die Roten. Jetzt wird ein Roter in Gottes Namen Ehrenbürger, und eine schwarze Krot wird geschlückt, und die Urkunden werden in Auftrag gegeben.

Wir wollen nicht übertreiben, sagt der Bürgermeister, Pergament muß es grad nicht sein, es gibt heute sehr schöne Imitationen.

In Anerkennung *seiner/ihrer* hervorragenden Verdienste um die Gemeinde *Name* werden hiermit *Herrn/Frau, Vorname, Zuname* Recht und Würde eines Ehrenbürgers verliehen, gezeichnet am *Datum* der Bürgermeister, bitte Unzutreffendes streichen. Und bitte den Namen nicht wieder falsch schreiben, sagt der Bürgermeister am Telefon zum Herrn Graphiker. Klein a heißt Schäufele mit ä und nicht Scheufele mit e. Ein falsch geschriebener Name macht kein Bild, sagt der Bürgermeister, und wir hätten gern einen Rahmen herum. Was letzteren betrifft, sagt der Bürgermeister, so möchten wir uns auch hier wie beim Pergament zurückhalten. Wir wollen uns keinen schweren Rahmen leisten, sondern das Bild nur mit einer schmalen Leiste rahmen. Das schmälert die Leistungen der ausgezeichneten Herren in keinster Weise. Die Rechnung bitte ans Gemeindeamt.

Es war einmal ein Landeshauptmann, der war so bescheiden, daß er keine der vielen Ehrenbürgerschaften, die man ihm gern verliehen hätte, annahm. Und gerade weil er so bescheiden war, hätten ihn alle Gemeinden gern zu ihrem

Ehrenbürger ernannt. So ein bescheidener Mann, sagten alle Menschen im Land. Der Herr Landeshauptmann fühlt sich sehr geehrt, sagte der Sekretär des Landeshauptmannes zu den Bürgermeistern. Aber er kann die Ehre leider nicht annehmen, zu viel der Ehre für einen bescheidenen Ehrenmann wie den Herrn Landeshauptmann. Da aber nun der Landeshauptmann nicht nur ein bescheidener Mann, sondern auch ein kluger Politiker war, wußte er, daß das Ehrenbürgerernennen ein starkes und natürliches Bedürfnis draußen in den Städten und Gemeinden ist, das in irgendeiner Form unbedingt befriedigt werden muß. Und weil er das wußte, so lenkte er die Ehrenbürgerwürden auf einen Herrn seiner Umgebung, seinen Stellvertreter, den Straßenbaureferenten im Amt der Landesregierung Theodor Schäufele.

Ein kleiner sprachwissenschaftlicher Exkurs aus gegebenem Anlaß: Unter Vizes und Stellvertretern findet man überraschend oft Männer, die auf Namen wie Schäufele hören. Philologisch gesprochen, handelt es sich dabei um Diminutive, Verkleinerungsformen also. Als Namen für Landeshauptleute findet jedermann passend: Obermeier, Hochgatterer, Überreiter,

13

auch Glockner oder Ortler. Dies sind Namen, die der Sprachwissenschaftler als Augmentative bezeichnet. Der Schäufele soll unbedingt loyal und am besten einen halben Kopf kleiner sein als sein Herr und immer einen kurzen Schritt hinter dem Hauptmann stehen. Aber auch so ist es gut geordnet: Der Hauptmann klein, drahtig, cholerisch, impulsiv und ein wenig nervös, sein Stellvertreter aber groß, kräftig, arglos und gutmütig. Es gibt Landeshauptleute, die wären besser ihre Stellvertreter. Manchmal ist der Bonus des Landeshauptmannes sein Vize.

Zurück, zurück zu unserem Ehrenbürgermärchen. Der Herr Landeshauptmann war bescheiden, aber sein Schäufele war noch viel bescheidener, der war so bescheiden, daß er auch Würde und Bürde so vieler Ehrenbürgerschaften als Ersatzmann für seinen hohen Herrn auf sich nahm. Der Herr Landeshauptmann nannte Schäufele anerkennend und belobigend seinen Ehrenretter. Ehre gebührt Gott, dem Herrn, und Herrn Schäufele allein, sagte der Landeshauptmann zu seinem Sekretär. Mancher Bürgermeister war natürlich schon ein wenig enttäuscht.

Ich suche für die enttäuschten Bürgermeister einen poetischen Vergleich, und es fallen mir gleich die folgenden zwei, einer weiter herbeigeholt als das andere, ein: Es ging den Bürgermeistern wie früher oft Brautwerbern und Heiratslustigen, die ihr Auge auf ein schönes, junges Mädchen geworfen hatten und daraufhin beim Vater desselben um die Hand desselben anhielten, von diesem aber abge- und auf die ältere Schwester der Schönen, eine Unschöne, verwiesen wurden. Zweiter Vergleich, noch kühner: Ein Jäger zieht aus, einen Hirschen zu erlegen, erlegt aber nichts, sondern überfährt auf der Rückfahrt versehentlich einen kleinen Hasen. Vor allem den letzten, wirklich lieblosen Vergleich mit dem leblosen Hasen verbiete ich mir im Hinblick auf Theodor Schäufele, meinen tertius comparationis, selbst, pfui.

Als Straßenbaureferent konnte sich Schäufele, unterwegs zu den Ehrenbürgerernennungen, gleich ein wenig nach dem Fortschritt des Straßenbaus draußen im Land umsehen. So verband er das Nutzlose mit dem Unangenehmen. Bei den Ehrenbürgerfeiern hielt er jahrein, jahraus die gleiche humorvolle, feinsinnige und hintergründige Rede. Überhaupt

15

stand in allen seinen Reden das Hintergründige sehr im Vordergrund. Schäufele sehen und schmunzeln war eins. Seine Dankansprachen begannen wie folgt: Ich danke der Gemeinde *Name* im schönen *Name*-Tale, ihrem Bürgermeister *Vorname, Familienname* und den Gemeinderäten sowie der gesamten Bevölkerung für die mir erwiesene hohe Auszeichnung. Dann überbrachte er die Grüße des Herrn Landeshauptmannes. Und am Schluß versprach er, auch in Zukunft, ja in Zukunft noch mehr als alles in seiner Macht als Landeshauptmannstellvertreter Stehende für das Straßenwesen in der Gemeinde *Name* im schönen *Name*-Tale zu tun. Ich möchte mich, sagte Schäufele, der Ehrenbürgerwürde der Gemeinde *Name* würdig erweisen. Dann Fotos, klein a neben klein b, und die ganze Gemeinde steht dahinter. Freibier und eine schöne Musik. Zum Abschluß ergreift dann noch einmal der Bürgermeister fest das Wort.

Theodor Schäufele verunglückte samt Chauffeur und Dienstwagen auf der Fahrt zu seiner siebzehnten Ehrenbürgerernennung, tödlich. Der Chauffeur war wegen einer Verspätung besonders schnell gefahren und hatte eine Warnung und Geschwindigkeitsbeschränkung vor einer Baustelle nicht beachtet, niemand weiß genau, wie es zuging. Das zertrümmerte Auto lag jedenfalls neben einer großen Tafel mit der Aufschrift: Hier baut die Republik Österreich. Ein Ende wie aus dem Bilderbuch für den rastlos und unermüdlich tätigen und ehrenrührigen Landeshauptmannstellvertreter Theodor Schäufele, und ein Ehrengrab.

Ehrenbürgerschaften kann ein Mensch viele bekommen, auch Ehrendoktorate, aber Ehrengrab kann er natürlich nur eins beziehen. Es sei denn, wir finden wieder zu dem guten alten kirchlichen Brauch des Reliquienkultes zurück und nehmen unsere großen Toten post mortem auseinander und verteilen sie. Der Kopf liegt naturgemäß in Wien, und wo ruht das Gegenteil?

Der Spitzensportler

Große Sportler müssen nicht dumm sein, niemand zwingt sie. Trainieren müssen sie, trainieren natürlich fleißig. Bleibt freilich wenig Zeit zum Lernen. Daß Spitzensportler dumm sind, ist längst als Klischee entlarvt. Klischees sind der triviale Ausdruck wohlfeiler Wahrheiten. Die Dummheit ist die Binsenweisheit des Sports. Die Ausnahmen sind nicht zu übersehen. Kluge Ausnahmen bestätigen die blöde Regel.

Es ist ganz einfach zu erklären, wie die Sportler zu ihrem schlechten intellektuellen Ruf gekommen sind. Intellektuelle haben ihnen diesen Ruf angehängt, sehr unsportliche Existenzen. Oft handelt es sich dabei um Journalisten und Schriftsteller, die aus einem Neidkomplex heraus alles körperlich Tüchtige und Athletische denunzieren. Der Verfasser des Buches „Der Leumund des Löwen", das eigentlich „Die Verleumundung des Löwen" heißen sollte, mißt beispielsweise nur 1 Meter und 69 Zentimeter, das sagt alles.

Ich beginne von vorne und baue jetzt einmal systematisch einige Spitzensportler auf. Mein erster Kandidat heißt Siegfried, seine Angehörigen und die Reporter nennen ihn später Sigi, auch noch als alten Mann. Sigi ist Gastwirtssohn und Tiroler, er hat sieben Geschwister und einen elendslangen Schulweg. Sigi legt den langen Schulweg ins Tal im Winter, der hier sehr lange dauert und fast nicht mehr aufhören will, mit den Schiern zurück. Ich kann keinen Schuhlbus nicht benutzen, sondern fahre ich immer zu Fuhs zur Schuhle, schreibt der Bub einmal in einem Schuhlaufsatz. Sigi ist auf dem Schulweg besser als in der Schule, aber die Anfahrt wird leider nicht benotet. Sigi kommt jedenfalls schnell und gut zur Schule, aber dort langsam voran und schlecht weg. Er fährt von Jahr zu Jahr schneller zur Schule, weiß aber von Jahr zu Jahr weniger, wozu und warum eigentlich. Als Schifahrer fällt er auf, als Schüler ab. Am Schluß, erinnert sich später einmal sein Lehrer, raste der Sigi praktisch nur noch zum Sitzenbleiben zur Schule.

Die moderne medizinische Wissenschaft behauptet, daß ein überzüchteter Intellekt alles Vitale, Vegetative sowie den kreatürlichen und natürlichen Instinkt im Menschen verschüttet, ja abtötet. Ein Sportler aber muß Intuition

19

besitzen und seinen Verstand abschalten können. Je weniger er abschalten muß, umso besser natürlich für ihn. Der Sportler muß sich konzentrieren können, er darf sich durch nichts irritieren lassen. Die Irritationen aber kommen aus dem Intellekt. Die Lateiner sagten: Mens sana in corpore sano, zu deutsch: Ein gesunder Geist in einem gesunden Körper. Gesund im sportlichen Sinne ist der Geist dann, wenn er sich nicht störend, das heißt überhaupt bemerkbar macht, sondern ruhig verhält. Einen gesunden Geist darf man wie einen gesunden Magen nicht spüren. Wo der Geist anfängt herumzugeistern und sich zu rühren und zu bewegen, ist er schon nicht mehr ganz gesund. Man nennt das Kopfweh. Soweit die Wissenschaft, die heute beim systematischen Aufbau eines Spitzensportlers nicht übergangen werden kann, warum auch ich beim systematischen Aufbau meines Sigi auf ihre fundamentalen Einsichten und Erkenntnisse nicht verzichten möchte.

Sigi zeigt auch später, als er bereits alle Schüler- und Juniorenrennen hinter sich und gewonnen hat, im Nationalkader eine unglaubliche physische Kondition und eine ganz außergewöhnliche psychische Konstitution, Stabilität und Robustheit. Den Diplompsychologen, der dem Trainer zur Seite gestellt worden ist, läßt Sigi samt seinem Diplom dort stehen. Sigi weiß und versteht einfach nicht, was der Studierte von ihm will. Und mehr als gewinnen kann Sigi ja nun wirklich nicht. Einen Gesunden können die Ärzte nur verderben. Sigi hat Nerven wie die Bergbahnen Drahtseile. Seine Seelenruhe steht zu den vielen Stundenkilometern seiner Schußfahrten im Umkehrverhältnis. Sigi ist immer der erste. Sein damaliger Lehrer äußert einmal den kuriosen Verdacht, daß Sigi wegen seiner Rechenschwäche immer nur erster wurde. Er kann nicht besonders weit zählen, sagte der Lehrer.

Sigis Bildung reicht durchaus. Die Abfahrtszeiten der Züge und Flugzeuge sucht doch der Mannschaftsbetreuer heraus. Und um seine Finanzen kümmern sich einige Firmen, deren Produkte er trägt oder fährt.

So wurde der Hilfsschüler Siegfried allein durch schnelles Fortbewegen auf zwei länglichen Hölzern aus Kunststoff zum Nationalhelden und mit seinem Rennanzug in Schockfarben zum leuchtenden Vorbild der Jugend. Der

Präsident der Republik forderte vor allem die studierende Jugend des Landes auf, sich am Sportler des Jahres und Olympiasieger Siegfried ein Beispiel zu nehmen. Denn trotz seiner sportlichen Erfolge war Sigi bescheiden geblieben, er machte nicht viel von sich her und gebrauchte auch in den Interviews immer nur seinen bescheidenen kleinen Wortschatz. Fragten ihn die Reporter nach einem Rennen: Sigi, wie war's?, so sagte er: Ich bin einfach voll g'fahr'n. Fragten ihn die Reporter nach seiner Meinung über das nächste Rennen: Sigi, wie wird's?, dann sagte er: Ich werd' wieder voll fahr'n.

Seine Heimatgemeinde schenkte Sigi ein Hotel und einen Geschäftsführer, einige Mädchen schenkten ihm Kinder. Denn schnell scharen sich um Spitzensportler immer sogenannte Spitzenfrauen. Seit sich Sigi nun aus dem aktiven Rennsport zurückgezogen hat, sitzt er in seinem Hotel und gibt Autogramme. Autobusweise kommen die Wallfahrer an. Siegfried aber, der große Siegfried, sitzt eingekeilt und umringt von seinen Verehrern und schreibt und schreibt, hundertemal hintereinander immer wieder seinen Namen in Bücher und auf Zettel: + + +.

+ + + ist auch der Verfasser eines Buches über den Schirennsport, es heißt „Meine Siege" und war ein Start-Ziel-Sieg, wie der Verleger auf einer Pressekonferenz sagte. Startauflage: 200.000 Exemplare. Gegen Leute, die behaupten, + + + sei gar nicht der Verfasser des Buches, werde er gerichtlich vorgehen, die Anzeige ist schon erstattet, sagte der Verleger, sie lautet auf Verleumdung.

Das war Siegfried, der erste von mir systematisch aufgebaute Sportler. Vielleicht sollte ich doch erwähnen, daß man bei der Errichtung eines Spitzensportlers auch auf scheinbar Belangloses wie die Namensgebung acht haben soll. In meinem ersten Fall bewährte sich natürlich der Name Siegfried. Nomen est omen, sagt der Lateiner, zu deutsch: Namen sind mehr als Schall und Rauch.

Beim zweiten Spitzensportler handelt es sich um einen Boxer. Er heißt Frank und ist Neger, was sich vor allem bei Verletzungen, sogenannten Cuts, günstig auswirkt, weil man das Blut nicht so bemerkt. Was die Notwendigkeiten auf dem Gebiete des Mentalen betrifft, so gilt auch hier im wesentlichen das am Beispiel des Tirolers Ausgeführte. Mit Rassismus hat meine Geschichte somit auf keinen Fall etwas zu tun. Bei Auftauchen eines solchen Vorwurfes kann ich beim jetzigen Stand meines Textes getrost meinen Landsmann Siegfried zitieren, den ich auch nicht nur mit Vorzügen versehen habe.

Auch bei Auf- und Ausbau eines Spitzenmannes auf dem Boxsektor müssen wieder Natur und Umwelt ein wenig mitspielen. Was das Körperliche anlangt, so ist hier etwas mehr vonnöten als nur eine Nase, die nicht zu weit in den freien Raum hinausragt, wie ein Laie vielleicht meint. Der Mann muß Gewicht auf die Waage bringen, dieses Gewicht darf aber nicht von Fett herrühren, sondern von festem Muskelfleisch.

Zum Sozialen: Ein Aufwachsen in Slums kann eine Boxerkarriere nur fördern. Der junge Mensch wird so frühzeitig auf seine körperlichen Möglichkeiten aufmerksam. Frank mußte sich durchboxen, von Kindheit an. Auch ein kurzes Gastspiel im Milieu und gewisse Erfahrungen mit Kriminellen können nur nützen, solange sie nicht ausgesprochen schaden.

Eines Tages kommt der Big Boss in den Slum, um nach Talenten Ausschau zu halten. Er stellt sich auf die Hinterhöfe und beobachtet die

Balgereien der jungen Leute. Über die Unter-
legenen, die zu Boden gegangen sind, sieht er
hinweg, die Fäuste der Sieger und Triumpha-
toren betrachtet er sich schon genauer. Einen
aber nimmt er mit, kleidet ihn neu ein, bringt
ihm Manieren bei und übergibt ihn dem Trainer.
Dies ist der Anfang des unaufhaltsamen Auf-
stieges des Champions, des Meisters aller Klassen, den sie heute Frank the Lion nennen. Er
führt aus dem Elend eines Slums einer mittleren
Großstadt im amerikanischen Süden hinauf
(Richtung Norden), steil hinauf bis zu den
höchsten Ehren, die der Boxsport zu vergeben
hat.
Dies ist natürlich ein weiter Weg, liebe Freunde,
und er kostet Kraft und Ganglien. Wenige haben
ihn ohne Schaden zurückgelegt, mancher Boxer
sieht danach leider wie ein Boxer aus. Damit ist
nicht der Hund gleichen Namens gemeint, der
diesen Namen nicht verdient, jedenfalls nicht
mutwillig verschuldet hat. Er ist nur das Produkt
einer sonderbaren Züchtung durch den
Menschen. Eine Sache der Promotion.
Der dritte Sportler, den ich hier als literarischer
Promotor promoviere, ist ein Fußballer, ein
Vertreter eines Mannschaftssportes. Die Art

dieses Mannschafts- und Männersportes verlangt von denen, die ihn ausüben, spezielle geistige und körperliche Voraussetzungen. Wir denken bei ersteren nicht an den absoluten Geist oder den Weltgeist, von dem Hegel spricht. Der Fußballer benötigt vielmehr Geist in der Form des Mannschaftsgeistes. Er soll kein extremer Individualist und Sonderling sein, er muß ja nicht nur spielen, sondern hin und wieder auch zuspielen. Wieder ist das Wichtigste aber das Unbewußte, man spricht etwa vom Riecher, auch Instinkt, einer zoologischen Fakultät also. Ich stehe aber nicht an zu behaupten, daß neben Geist, Instinkt und einem athletischen Körper zu einem überragenden Spitzensportler auf dem Felde des Fußballs noch mehr gehört, etwas schwer zu Beschreibendes, auch wissenschaftlich kaum Faßbares. Ich nenne es die Gnade des Himmels und den Eigentümer dieses göttlichen Geschenks den begnadeten Fußballer. Ein begnadeter Fußballer ist mehr als ein guter Fußballer.

Mein Superstar heißt Jesus Maria, genannt Jema, ist Südamerikaner und Mulatte und paßt somit als Mischling rassemäßig genau zwischen den weißen Tiroler und den schwarzen Amerikaner.

Er beginnt bereits als Bub barfuß mit Konserven-
büchsen zu schießen, steigt später auf sogenannte Fetzenbälle um und lernt erst relativ spät,
nach seinem Eintritt in die Schülermannschaft,
das runde Leder kennen. Von hier ab läuft seine
Karriere nach dem bekannten südamerikani-
schen Muster, wie mit Oliven geölt.

Das Fußballspiel ist ein Kampf, seine Termino-
logie ist militärisch, taktisch, strategisch, es
kennt Offensive und Defensive, Bomben und
Granaten. Und es kennt Verletzte und Verwun-
dete, in Südamerika auch jede Menge Sterbe-
szenen, simulierte vor allem, aber auch echte.
Oft ist das Spiel nur der Auslöser einer größeren
Schlacht auf den Rängen, manchmal sind das
Spiel und die Schlacht auf den Rängen sogar die
Initialzündung für eine kriegerische Auseinan-
dersetzung zweier benachbarter Länder. Der
Krieg ist die Fortsetzung des Fußballs mit anderen Mitteln, in Südamerika, ich spreche immer
von Südamerika.

Schluß mit dem planmäßigen Aufbau von
Spitzensportlern, halten wir Gleichenfeier und
setzen wir Rüstbäume.

Und wieder bleiben viele Fragen offen. Wie
halten wir es mit dem olympischen Gedanken?

Einer schreibt einen Brief an das Nationale Olympische Komitee mit der Bitte, bei den Spielen mitmachen zu dürfen. Er möchte nur dabeisein, siegen könne er gar nicht. Aber die Herren schreiben nicht zurück, eine Niederlage. Kein doppelte, sondern keine Moral. Und wie steht es um den Amateurstatus? Wann wird Amateur endlich als Beruf anerkannt, wie Installateur oder Spediteur. In den Fremdenverkehrsorten ist der Amateur, zu deutsch Liebhaber, längst eine feste Institution, es gibt somit schon Berufsbilder, an denen man sich orientieren könnte. Nicht behandelt wurde außerdem neben dem Spitzensport der Breitensport, neben dem Männersport der Frauensport. Ist der Sport wirklich nur eine herrliche, die herrlichste, und nicht auch die fraulichste Nebensache der Welt? Und zuletzt das delikate Problem des Hermaphroditen. Warum nur Damen *oder* Herren und nicht auch Zwitter, meine Damen *und* Herren?

Der Jurist

So beugt man das Recht auf Latein: *Ius, iuris, iuri,
ius, iure,* ne utrum, im Deutschen sächlich, und
dementsprechend wird damit auch umgegangen,
nebensächlich. Erster und vierter Fall sind im
Lateinischen, wie bei den Neutra üblich, gleich,
dadurch schon rein sprachlich schwer auszu-
machen und zu beurteilen. Der Vokativ heißt
O ius! und man kann ihn nicht oft genug *an-
rufen.* O Vokativ! Ius und Jurist stehen im
selben Verhältnis zueinander wie Recht und
Richter. Jurist und Richter sind Derivate von Ius
und Recht, Richter kommt von Recht, nicht umgekehrt, Recht geht vor Richter, zuerst also das
Ei, dann der Richter. Doch schieben wir endlich
der Etymologie einen rechtschaffenen Riegel vor,
sprechen wir endlich richtig vom Recht.
Sieht man die Verhältnisse unter dem Gesichts-
punkt der arbeitsteiligen Gesellschaft, dann
stellen sie sich dar wie folgt: Der Verbrecher
verbricht, der Richter richtet, der Verteidiger
verteidigt, nur der Staatsanwalt waltet nicht
staats an, dieser plädiert, und zwar immer und
grundsätzlich für die Höchststrafe (Leistungs-
gesellschaft!). Der Kriminelle legt alle seine

aufgestauten Aggressionen ins Delikt, der Staatsanwalt in ein vehementes Plädoyer, der Richter aber in ein gesalzenes und gepfeffertes Urteil, so hilft sich jeder wie er kann. Würden sich jetzt die Rechtsbrecher nur noch an Gütern und Personen der Justiz vergehen, so könnte man sich den Rechtsweg gut als eine Einbahnstraße oder als einen Kreisverkehr vorstellen. In Wahrheit ist der Rechtsweg jedoch eine Sackgasse. Doch *was ist die Wahrheit?* fragt schon Pilatus mit Recht ziemlich ratlos.

Montesquieu und die Gewaltentrennung. Eine jener weltgeschichtlich bedeutenden Ideen, die sich bis in die hinterletzte Amtsstube unserer tiefsten niederösterreichischen Provinzial- und Landgendarmerie ausgewirkt haben. Dies ist nicht allen revolutionären, fortschrittlichen und aufgeklärten Gedanken ohne weiters gelungen. „Studien zum Durchbruch der Menschenrechte in Waidhofen an der Thaya". Das gibt bei 716 Gemeinden 716 (in Worten: siebenhundertsechzehn) Dissertationsthemen zur Erlangung des Grades eines Doktors sämtlicher Rechte und Nebenrechte.

Recht muß man studieren, Gerechtigkeit dagegen ist eine angeborene Begabung. Aber auch sie bedarf der Ausbildung. Oft nämlich steht das gesunde Rechtsempfinden des Volkes zum gesetzten und verfaßten Recht in einem nicht unbeträchlichen Widerspruch. Der Leisten des Volkes ist grob. Aug um Aug und Zahn um Zahn, so erübrigen sich Augenärzte und Dentisten. Ärgert dich sein Auge, so reiß es ihm aus. Manchmal verfährt das Volk auch nach der Devise: Auge um Zahn. Greift einer zum Schwert, ist er das Pulver nicht wert. So viel aus A. und N. T. Und das germanische Recht, Ausdärmen, Radbrechen, Vierteilen, Schleifen, Schinden, Blenden? Wo beginnt der Mensch, fragt eine Kapazität in einem Handbuch der Rechtsgeschichte, und wo endet er? Auch unsere Vorfahren, schreibt er, hatten offensichtlich eine wenn auch vage Vorstellung vom Unterschied zwischen Köpfen und Verstümmeln. Köpfen als besondere Art des Verstümmelns unter das Existenzminimum. Zu untersuchen ist schließlich noch immer die Rolle des Stabbrechens in der alten Stabreimdichtung. Oh die vielen reinen Reime bei den altdeutschen Rechtssprichwörtern, und sauberen Lösungen... Lauter klingende Kadenzen! Rübe ab et cetera. Lynch und Feme. Die ganz Gründlichen möchten am liebsten nicht nur die Mörder, sondern auch ihre zimperlichen und übervorsichtigen Richter und Verteidiger lynchen. Vorknöpfen und Aufknüpfen. Bei den Zünftigen aber ist die Lynchjustiz verfemt. Sie gehen davon aus, daß selbst ein einfacher Polizist, lediglich mit seinem Gummiknüppel und seinem gesunden Rechtsempfinden bewaffnet, heute nicht mehr tragbar ist. Das Volk hält jedoch treu an seinen Lieblingsverbrechen fest. Du heilige Lust der Entrüstung und Empörung, du gemeinschaftsbildende! Der Ermordete hat ein ganzes Volk Hinterbliebener. Das Wort Lustmord hat gleich einen doppelten Beigeschmack von Wahrheit und bezeichnet ein ausgesprochenes *Gemein*verbrechen.

Geschmäcker und Delikte sind verschieden. Auf der einen Seite die verabscheuungswürdigen, auf der anderen die feinen und angesehenen Kavaliersdelikte. Wer tut was wann wo warum und wozu, fragt der deutsche, quis quid ubi quibus auxiliis cur quomodo quando aber der lateinische Rechtsgelehrte. Und ein anderes lateinisches Sprichwort lautet: Quod licet Iovi, non licet bovi. Zeus darf mehr als ein Stier, manche übersetzen *bos* auch mit *Ochse*. Zeus näherte sich

Leda als Schwan, kam ihr sogar nahe. Ein anderes mal trat der oberste Gott auch als Löwe auf, als eine Art himmlischer Salonlöwe. Gott müßte man sein! Jeder andere muß sich in solchen Fällen wegen Sodomie und Bestialität verantworten. Die Sexualmoral im griechischen Olymp unterschied sich natürlich himmelweit von den diesbezüglichen Gepflogenheiten in unserem heutigen sozialen Wohnbau. Zeus war potent, omnipotent, konnte *immer, alles und überall,* wie die Theologie die Allmacht definiert.

Gerade hierin offenbart der antike Polytheismus *starke* Schwächen, behauptet der Religionswissenschaftler (Kursivauszeichnung von *stark* durch mich). Die Götter waren sakrosankt, unberührbar, immun, standen außerhalb des Gesetzes, jenseits von Gut und Böse, alles in allem sowohl theologisch als auch juristisch hervorragend da. Ein Ochse aber ist ein Ochse und kann von Glück reden, wenn er sich zufällig auf Jupiter reimt, und sei es auch nur in Fall 2 bis 6, den sogenannten Casus obliqui.

Einen leichten Schimmer und schwachen Abglanz dieser göttlichen Souveränität erblicke ich heute allenfalls im Leben unserer edlen Adeligen,

und zwar erblicke ich dieselben nur rückblik-
kend, weil wir Monarchie und Aristokratie ja
leider schon vor längerer Zeit ad acta gelegt
haben. Ein Bundespräsident aber ist nur die
republikanische Kontrafaktur eines Kaisers.
Wie weit reicht schon sein Pardonnierungs- und
Begnadigungsrecht, wenn es keine Todesstrafe
mehr gibt. So ist alles sehr bürgerlich geworden,
kleiner im Zuschnitt, die Bescheide sind bescheidener. Wo nichts ist, hat der Bundespräsident sein Recht verloren. Vom Sexuellen
will ich in diesem Zusammenhang aus verständ-
lichen Rücksichten natürlich nicht reden.

Um einen möglichst lebendigen Eindruck von
unserem alten Kaiser und seiner majestätischen
Rechtsfreiheit zu vermitteln, teile ich eine kurze
Geschichte aus Ferdinand Zöhrers Buch „Hoch
Habsburg", einem Gedenkbüchlein zum 50jäh-
rigen Regierungsjubiläum des Kaisers Franz
Josef I. von Österreich, apost. Königs von Ungarn etc., für Österreichs Volk und Jugend
geschrieben, mit, die da nachfolgend lautet:

„Auf einer Gemsjagd im Reviere Eisenerz hatte
eines Tages ein Hofcourier dem Kaiser eine Depesche mit dem Gnadengesuche eines in Ungarn
wegen Brandstiftung standrechtlich zum Tode

verurtheilten armen Sünders gebracht. Es war an diesem Tage eine prächtige Pirsch und die Lust daran leuchtete dem kaiserlichen Alpenjäger aus den Augen. Doch kaum hatte derselbe die Depesche gelesen, so fühlte er sich sofort als Herrscher und freute sich seines Rechtes über Leben und Tod. Der edle Kaiser, dem ein Menschenleben, und wäre es auch ein verwirktes, mehr gilt als sein Vergnügen, verzichtete auf letzteres sofort, verließ seinen Standplatz in Gottes herrlicher Natur, eilte nach Eisenerz, in sein einsames Zimmer im Kammerhof. Depeschen flogen und kamen und stundenlang saß der Kaiser über den Acten des telegraphierten Processes. Endlich fand sich ein Milderungsgrund und das Wort „Gnade" flog aus den Bergen, wo die Freiheit wohnt, in die Kerkerzelle des Unglücklichen. Der Monarch hatte vom schönsten Rechte der Krone Gebrauch gemacht. Am Abend dieses gestörten Jagdtages brachte man die von den geladenen hohen Gästen erlegten todten Thiere auf die Strecke, worüber die Herren hocherfreut waren. Der Kaiser empfing seine Gäste, fühlte sich aber glücklicher als diese, da er ein Menschenleben durch sein Machtwort gerettet hatte."

Soweit diese Geschichte von Ferdinand Zöhrer über den freien und luftigen Ermessensspielraum eines wirklich herrlichen Herrn. Und wieder und noch einmal verweise ich auf den Zusammenhang zwischen einer solchen Machtfülle und der oligarchischen Lebensart in ihrem Hintergrund.

Doch nun die entscheidendere Frage: Woher das Recht überhaupt? Recht ist das dem Souverän Genehme, sagt der Rechtspositivist. Und der Souverän? Das sei eine andere Frage, belehrt uns der Positivist und bietet uns jede mögliche Form von Regiment und Regentschaft an, sogar das Volk. (,,Das Recht geht vom Volke aus", *kann* jedenfalls.) Das sogenannte Naturrecht aber und das göttliche Recht sind für den Rechtspositivisten im positiven Recht enthalten, und zwar restlos, für sich genommen aber eine Mystifikation und Illusion. Ob aber nun Gott, die Natur oder ein Ministerium dahintersteht, ist im Alltag eines kleinen Bezirksrichters, und praktisch gesehen, ohne Belang und Bedeutung. Und müßten wir erst über die Grundlagen und die Legitimität der Legalität zu letzter Klarheit kommen, so müßten wir jede Judikatur bis auf weiteres unterlassen und suspendieren. Die

Justiz ist denn auch nach der Auffassung der radikalen Rechtsskepsis nichts weiter als ihr fortgesetzter Irrtum. Recht gleich Unrecht und zurück. Rechtsautorität aber, heißt es in diesen Kreisen, ist eine Anmaßung. So niedrig also denkt man dort von jeglicher Rechtshoheit.

Jetzt kommt uns einer mit dem Beispiel illegaler Banden, Syndikate und Mafien. Diese Gruppen sind keineswegs gesetzlos, sagt er, sondern nach ihrem eigenen Gesetz gegen das Gesetz oder ein *anderes* Gesetz, das Gesetz einer anderen Gruppe, angetreten. Sie kämpfen für das Recht des freien Rechtes, sie verlangen neben der freien Marktwirtschaft die freie Rechtswirtschaft, die liberale Konkurrenz verschiedener Rechte. Auf solchen unbeleuchteten Gedankengängen also meinen uns die Rechtspessimisten überführen zu können. Und sie haben die Stirn, auch unser ehrwürdiges Kirchenrecht als lediglich eins dieser Sonderrechte hinzustellen, die durchgesetzt wurden und sich mit der Zeit durchgesetzt haben. Als sei zwischen dem Kanonischen Recht und dem wilden Kanonenrecht gesetzloser Desperados weiter kaum ein Unterschied. Ständig behaupten und wiederholen sie, unsere Justiz sei repressiv, die Justiz sei ein reines Instrument der

Disziplinierung Andersdenkender mit Sonder- und Notstandsgesetzen, der Rechtstaat eigentlich ein Unrechtsstaat. Rigorose Legalisten aber würden am liebsten jeden, der die Justiz eine Klassenjustiz nennt, so lange in Beugehaft nehmen, bis er sich auf die Wahrheit besinnt. Sagt einer *Volksgerichtshof,* so sollte er nach ihrer Rechtsauffassung vor einen Volksgerichtshof gestellt werden. Unversehens also halten wir beim Terror. Weiter wollen wir auch nicht gehen.

Unsereiner denkt bei Jus vor allem an Anwälte und Richter, ans Strafrecht vor allem, das ist gut für die öffentliche Ordnung. Wer nichts zu erben und nichts zu vererben hat, hält den Notar für eine literarische Gestalt des 19. Jahrhunderts.

Hochwürden

für Mareike Eggers

Eine Nonne ist noch kein Gottesbeweis, *an und für sich*, wie die Philosophie sagt. Eine größere Anzahl von Mönchen deutet auch nicht unmittelbar auf Gott, sondern auf ein nahegelegenes Kloster hin.

Ein frommer Mensch wie mein Vater nimmt es da nicht so genau und läßt auch Glockengeläute als Gottesbeweis gelten.

Sonntag für Sonntag hörten wir uns nach dem Essen um 12 Uhr das Mittagsgeläute des Bayrischen Rundfunks an. Klang es meinem Vater nicht voll und laut genug, so sagte er, daß in der Ortschaft, wo diese Glocken hingen, die man heute hier höre, der Glaube nicht gerade der stärkste zu sein scheine. Das höre ich sofort, sagte er. Klang es aber besonders armselig und nach gar nichts, so war er sich sicher, daß es sich dabei nur um eine protestantische Kirche handeln konnte, vermutlich aus dem Oberfränkischen. Oft war er mit den Glocken, die ja stets, versetzt, mit der kleinsten aufwärts beginnen und geläutet werden, soweit zufrieden, wartete aber vergeblich auf die abschließende große.

Oh je, sagte er, wenn statt der Pummerin der Radiosprecher kam und den Ort nannte, aus dem der Mittag eingeläutet worden war. *Zinn* hieß das Spottwort, in dem sich die ganze Verachtung für ein solches Geläute ausdrückte. Mir jedenfalls hat sich die Gleichung *Bronze* gleich *fester Glaube*, *Zinn* aber gleich *Zweifel* und *Wankelmut* tief eingeprägt.

Auch die Orgel spielt im Glauben meiner Väter und meiner Kindheit genau die Rolle, die ihr einst weitblickende Jesuiten zur Zeit der Gegenreformation zugedacht hatten.

Ich mache jetzt einen weiten Bogen um die Orgel, komme aber unversehens wieder auf sie zurück, bitte Vorsicht! Vom großen Staufer-kaiser Friedrich II. heißt es in authentischen historischen Quellen, daß er die abtrünnigen Bürger italienischer Städte kampflos, lediglich mit Hilfe von Elephanten, Löwen und anderen exotischen, stark beeindruckenden Tieren, die er in einer Art Wanderzirkus in seinem Zug mitführte, wieder für sich einnahm und zurück-gewann. So wurden Parma und Piacenza ge-bändigt, so hat der Kaiser mit Unterstützung des Königs der Tiere selbst Ravenna in die Knie und zur Huldigung gezwungen. Oh Leumund des Löwen! In Anspielung auf dieses seltsame mittelalterliche Ereignis sage ich folgendes: Die Orgel ist der Elephant des Heiligen Vaters. Die Königin der Instrumente ist der Löwe des Papstes.

Die Orgel steht oben am Chor und ist hoch angesehen. Kleine und leise Instrumente wie etwa eine Flöte hat mein Vater nicht geschätzt; als Registerklang auf der Orgel, ja. Aber warum sich sonst von einer Geige quälen lassen, wenn es eine Orgel gibt. Wie kann ein Mensch nur so verstockt sein und nicht katholisch werden wollen, das war, wie meinem Vater, auch mir immer ein Rätsel.

Später erfuhr ich freilich, daß auch im Protestantismus die Orgel gespielt wird. Be a ce ha, immer be a ce ha, nichts wie Bach, ständig den Johann Sebastian hinauf und hinunter, und das soll schön sein? So dachte ich als Gymnasiast (noch vor dem Konzil). Uns ging der Bruckner immer über den Bach.

Wer sich jemals in Sankt Florian trauen hat lassen und bei Glockenklang und Orgelsang durch die Kirche gezogen und am Portal hinausgetreten ist, wird das nie vergessen. Ich könnte aber auch so sagen: Wer nach einem

Hochamt in Sankt Florian bei Glockenklang und Orgelsang durch die Kirche schreitet und beim Portal hinaustritt, steht im Freien. Wenn es dann noch regnet, ist ein solcher Kirchenaustritt wie ein Sturz aus einem himmlischen Traum, ein böses Erwachen, eine Ernüchterung nach einem Rausch. Dies sind die Enttäuschungen, die der Calvinismus seinen Anhängern erspart.

Noch eine Anmerkung sozialer Art, eigentlich eine Frage, eine soziale Frage, stilistisch gesehen eine rhetorische Frage: Wie haben sich die Dienstboten wohl gefühlt, wenn sie nach Osterbeichte und Osteramt im prächtigen Passauer Dom in ihre Höfe in Niederbayern und im Innviertel zurückgekehrt sind, in ihre Dachbodenkammern oder überhaupt gleich in die Ställe?

Ein Nachtrag zum Thema Konfessionalismus: Nach den Erfahrungen meines Vaters steckt auf dem Turm einer katholischen Kirche das Kreuz, auf dem Turm der evangelischen Kirche aber ein Hahn. Als ich meinem Vater vom Saarland erzählte und erwähnte, daß ich dort die Turmverhältnisse bezüglich Hahn und Kreuz leider gerade umgekehrt angetroffen hatte, sah er mich sehr bedenklich und besorgt an. Als ich ihm auch noch berichtete, daß man dort den katholischen Geistlichen *Pastor* und den evangelischen Amtsträger *Pfarrer* nennt, nicht wie bei uns, wo gerade das Umgekehrte gilt, schüttelte er nur noch den Kopf. Nimm dich in acht, sagte er, du bist da in eine konfessionell offenbar total verwirrte Gegend gekommen.

Weil eingangs von den Gottesbeweisen die Rede war, soll jetzt auch zum Gebrauch der Vernunft in der Theologie ein Wort gesagt werden. Die Theologen nennen die Vernunft das *lumen naturale*, zu deutsch das natürliche Licht des Menschen. Die Theologie ist also keineswegs vernunftfeindlich, sie betont nur die Grenzen der menschlichen Vernunft. Unser Verstand ist für die Theologie nicht gerade eine Offenbarung. Sie ist also nur realistisch, mit Recht. So bringt auch die Kirche eher die Werte des Gemüts als die der kalten Rationalität zur Geltung, namentlich für die Pastoraltheologie und die Seelsorge hat dies zu gelten. Einem Sterbenden soll man nicht noch in letzter Minute die Ontologische Differenz zwischen Sein und Seiendem erklären wollen. Die Leute erwarten auch vor allem Rührung von einer

Predigt, nicht unbedingt Information. Schön haben Sie gepredigt, sagt eine Bäurin nach der Messe zum Kaplan, da war direkt ein Sinn drin, sagt sie. Sinn ist also auch möglich, neben Schönheit und Trost.

Vielfältig sind die Schwierigkeiten der Pfarrer mit der neuen Theologie. Am Vatikanum I hat man den Modernismus verurteilt und verdammt, sagt ein Priester des konservativen Lagers, und am Zweiten Vatikanum hat man den Modernismus rehabilitiert und heiliggesprochen. Noch ein paar dieser Reformen und auch wir sind Reformierte. Für einen Christkatholischen ist der Papst nicht ein ökumenisches Hindernis, sondern der Garant der Ökumene. Freilich verstehen wir *ökumenisch* als Synonym für *katholisch*.

Das Kreuz mit der Hierarchie! Hier werden autoritäre Strukturen nicht ab-, sondern immer noch ausgebaut, sagt einer von den unzufriedenen Jungen. Wir sind immer noch dabei, dieses Kreuz zu erhöhen. Man braucht einige Phantasie, sagt er, um das Herrschen als Dienst zu begreifen und im Papst den servus servorum zu sehen. Und wenn ich im Fernsehen unseren Nuntius, den Doyen des Diplomatischen

Chores, beim Neujahrsempfang des Bundespräsidenten sehe, den Stellvertreter des Stellver-
treters Christi auf Erden in Österreich, dann
spüre ich auch nicht mehr viel vom urchrist-
lichen Kommunismus. Es ist bei vielen wie ein
bedingter Reflex: Sie sehen Purpur und werden
rot vor Zorn.

Nachdem wir von den Glocken, der Musik, der
Theologie und der Hierarchie ausführlich ge-
handelt haben, wenden wir uns nun dem Thema
Nummer 1 zu, dem Zölibat, der erstaunlicher-
weise auch bei Nichtkatholiken immer mit
einem gewissen Interesse rechnen darf. Der
Protestantismus hat bekanntlich das viel ge-
rühmte Pfarrhaus, aus dem so viele für die
deutsche Kultur und Geistesgeschichte bedeu-
tende Männer und Frauen kommen. Viele große
Atheisten und Agnostiker sind daraus hervor-
gegangen, auch Pietisten. Wenn ein Pfarrersohn
der Kirche seines Vaters und dem Glauben seiner
Väter den Rücken kehrt, so löst er entweder
den Generationskonflikt zugleich mit dem
Glaubenskonflikt oder umgekehrt. Dem evangelischen Pfarrhaus nun hat der Katholizismus
nichts Gleichwertiges entgegenzusetzen. Was
aus den unehelichen Kindern von Geistlichen

geworden ist, weiß allein der liebe Gott. Bleibt nur die Pfarrersköchin übrig, die aber weniger in der deutschen Kultur und Geistesgeschichte als vielmehr in einer Unzahl anzüglicher Witze aufscheint. Meine Rosa, sagt ein fortschrittlicher Pfarrer zu fortgeschrittener Stunde im Gasthof *Zum Ochsen* nach dem Tarock zu seinen Freunden, meine Rosa, sagte er, ist eine Notlösung, eine Zwischenlösung zwischen Zölibat und Ehe. Das ist weder Fisch noch Fleisch, sagt der Bäcker. Mehr Fleisch, sagt der Pfarrer, mehr Fleisch.

Mulier tacet in ecclesia, aber dafür kommandiert manche den Pfarrhof und hält dem Hochwürden auch entwürdigende Gardinenpredigten, und der Pfarrer sagt zu allem Ja und Amen. Oder der Pfarrer seufzt und betet bei sich: Gib uns den Frieden, den die Welt nicht geben kann. Manche Köchin spielt auch außerhalb des Pfarrhofs eine verhängnisvolle Rolle. Sie tratscht und bespricht mit ihren Freundinnen auch Interna des Pfarrhofs, wie den Zustand der Unterwäsche ihres obersten Herrn und anderes Gewäsch. Der Geistliche Rat weiß sich bald keinen Rat mehr. Rosa, sagt er, geh nicht mehr hin und sündige nicht mehr.

Die Regel ist das nicht, für gewöhnlich sind die Pfarrersköchinnen selbstlose und hingebungsvolle Geschöpfe. Sie sind geduldig und immer zur Stelle. Bei kirchlichen Veranstaltungen, die sich wie etwa die Segenandacht am Sonntagnachmittag keines großen Zuspruchs erfreuen, bildet sie nicht selten ganz allein die Schar der Gläubigen und antwortet dem Pfarrer, wenn es sein muß in Latein, obwohl sie davon kein Wort versteht. Damit ich nur nicht vergesse: Kochen tun Pfarrersköchinnen natürlich auch.

Am Schluß sollen wieder die Glocken sprechen, und zwar für sich und so laut und ausdauernd wie zum Gloria in der Gründonnerstagsmesse, bevor sie nach Rom fliegen, oder zur Auferstehung am Karsamstag, wenn sie aus der Heiligen Stadt zurückkommen, und vor allem wie zu jenen Zeiten, als sie noch nicht elektrisch, sondern von Ministrantenhand bewegt wurden. Da zog damals eine Schar Ministranten durch das Kirchenschiff von Steuerbord Richtung Backbord, hinauf ins Läuthäusel im Turm, junge, kräftige Burschen, Bauernsöhne, die dicke Köpfe und Muskeln hatten und von ihren Vätern schon früh an schwere Arbeit gewöhnt worden waren. Wenn man sie sah, wußte man, daß sich in ihnen durch die abgezirkelten rituellen Bewegungen der liturgischen Handlung so etwas wie ein motorischer Stau gebildet hatte, eine schmerzhafte Verklemmung, die sich in Kürze beim Läuten lösen würde. Und entsprechend wurde dann an den Strängen gearbeitet, die Burschen waren wie irrsinnig und außer sich. Auf engstem Raum wirbelten sie durch die Luft und traktierten dabei nicht nur ihre Glocke, sondern auch die Kameraden. Am Schluß war ihnen leichter, und sie konnten wieder zu ihrem strengen Altar- oder Sakristeidienst zurückkehren. Die Erscheinung dessen, was ich den motorischen Stau genannt habe, kann übrigens auch jeder Gläubige an sich selbst beobachten. Es handelt sich dabei um eine gewisse durch Knien, Stehen und andere Bewegungsarmut hervorgerufene kirchliche Steifheit. Oft ist einem anschließend geholfen, wenn man beim Verlassen der Kirche im sogenannten Paradies ein wenig stolpert und so zu seiner alltäglichen freien Beweglichkeit zurückfindet.

Zum endgültigen Schluß also sollen die Glocken so unmäßig laut läuten, daß man kein Wort mehr versteht und auch diese Dichtung im Lärm untergeht.

Der Vater

Jedesmal, wenn es eine Schwierigkeit im Haus gibt, dann holt die Mutter den Vater, und der Vater kommt, wenn ihn die Mutter holt, weil es eine Schwierigkeit im Haus gibt, und der Vater fragt, was es denn gibt. Der Vater fragt dann immer, wo es denn hapert. Was hat es denn, wo brennt es denn, fragt er. Der Vater hört sich dann die Mutter an, und dann sagt er, nur keine Panik, meine Lieben, das werden wir gleich haben, sagt er, kein Grund zur Beunruhigung, das ist nur eine Kleinigkeit, und das macht keine Schwierigkeit, sagt der Vater. Und die Mutter sagt zu uns, Kinder geht einmal zur Seite, damit der Vater dran kommt, seht ihr denn nicht, daß ihr dem Vater im Weg steht, fragt die Mutter. Dann krempelt der Vater die Ärmel hoch und lacht, wenn er den Schaden sieht. Was, das ist alles, fragt er, und dann sagt er, das ist nur eine Lappalie und eine Geringfügigkeit und daß wir das gleich haben werden. Ich habe immer den Eindruck, daß die Schäden, die im Haushalt anfallen, für meinen Vater weit zu klein und zu gering sind, der Vater ist viel zu groß für diese kleinen Schäden, die im Haus anfallen. Der

Vater würde mit ganz anderen Sachen fertig, Gott sei Dank haben wir aber keine solchen Schäden, dafür ist unsere Wohnung auch zu klein, wenn wo nicht viel ist, kann auch nicht viel brechen. Und immer, wenn etwas kaputt ist, dann lacht der Vater auch nur, wenn zum Beispiel das Bügeleisen gebrochen ist und der Strom der Mutter einen leichten Stoß gibt, wenn sie es angreift, oder wenn der Verschluß am Fenster klemmt. Der Vater sagt immer, was hätten wir denn da in Rußland gemacht 1943. Das ist gar nichts, wenn man es mit Rußland 1943 vergleicht.

In Rußland muß 1943 sehr viel kaputt gewesen sein, weil Vater immer sagt, was hätten wir denn da 1943 in Rußland gemacht. Ich glaube, der Vater hat in Rußland recht viel repariert und lauter schwere Schäden behoben. Damals war nämlich in Rußland der Krieg, und im Krieg geht sowieso immer sehr viel kaputt, und in Rußland ist besonders viel kaputt gegangen, weil sie nicht aufpassen konnten, wie der Vater sagt. Damals hatten sie 30 Grad, und zwar minus in Rußland, sagt der Vater, sodaß sehr viel gefroren ist, sogar Zehen. Und wenn bei 30 Grad Kälte 1943 in Rußland etwas gebrochen ist, dann sagt der Vater, daß er auch keine Miene verzogen hat. Damals hätte ich den Vater sehen mögen, wie er bei 30 Grad minus in Rußland immer keine Miene verzogen und alles repariert hat. Die Kameraden haben in Rußland immer gesagt, wenn etwas kaputt gegangen ist, holt den Freilinger Georg, das ist mein Vater, und dann haben sie in der Kompanie den Vater geholt, und der Vater ist hingegangen und hat keine Miene verzogen und hat den Schaden repariert. Er hat immer gesagt, sagt er, nur keine Panik, meine Kameraden, das haben wir gleich, Kameraden. Dann hat er gefragt, wo es hapert und brennt, und er hat gesagt, daß es keinen Grund zur Beunruhigung gibt. Was hätten wir denn 1943 in Rußland gemacht, hat der Vater damals nicht gesagt, denn das war ja 1943 in Rußland, drum hat er das damals natürlich nicht gesagt.

Einmal ist uns aber leider der Ölofen gebrochen, und das war ein größerer Schaden, als der Vater am Anfang gemeint hat. Als der Vater von der Arbeit nach Hause gekommen ist, hat die Mutter gesagt, daß wir ein Problem im Haus haben. Der Vater hat aber gleich gesagt, was hat es denn, wo brennt es denn. Leider, hat die Mutter gesagt, brennt es nicht, und zwar brennt es im Ölofen nicht, und das ist auch der Grund, warum es heute so kalt in der Wohnung ist, wie in Rußland. Die Mutter hat zum Vater gesagt, daß der Ölofen nicht mehr anspringt. So so, hat der Vater darauf gesagt, was du nicht sagst, der Ölofen springt nicht mehr an. Ja, wenn der Ölofen nicht mehr anspringt, hat der Vater gesagt, während er die Tasche niedergestellt hat, dann müssen wir halt etwas unternehmen, daß der Ölofen wieder anspringt. Darum bittet sie, hat die Mutter gesagt. Dann hat der Vater gesagt, nur keine Panik, meine Lieben, der Schaden kann nicht groß sein, und was hätten sie denn da 1943 in Rußland gemacht. Es ist zwar kalt in der Wohnung, aber 30 Grad minus haben wir gerade auch noch nicht. Die Mutter hat zu uns gesagt, daß wir zur Seite gehen und dem Vater nicht immer im Weg stehen sollen. Da sind wir zur Seite gegangen, und der Vater ist an den Ölofen und an das Problem herangetreten. Dann hat er noch einmal gesagt, so so, der Ölofen will also nicht, und daß wir halt dann einmal schauen wollen, ob er es sich nicht doch noch anders überlegt und gleich anspringen möchte. Der Vater hat aber immer das gesagt, was er gerade getan hat, und er hat auch immer alles getan, was er gesagt hat, das auch. Der Vater hat die obere Platte hochgehoben und gesagt, jetzt werde ich einmal die obere Platte hochheben. Dann hat er gesagt, jetzt werde ich einmal hier hineinschauen, und dann hat er wirklich hineingeschaut. Dann hat er die Ölzufuhr unterbunden und gesagt, daß er jetzt die Ölzufuhr unterbindet. Dabei hat er unten am Ofen eine Schraube angedreht. Das macht er deshalb, hat er gesagt, damit nichts mehr nachfließen kann. Wir haben nämlich im Grunde schon eine Überschwemmung, hat der Vater gesagt. Und das erinnert ihn schon an Rußland, wo 1943 auch die Wolga über die Ufer getreten ist. Dann hat der Vater aber recht gelacht, weil das mit der Wolga ein Witz gewesen ist, wenn es 30 Grad minus hat. Und jetzt, hat der Vater zu mir gesagt, wie er mit dem Lachen fertig gewesen ist, bringst du mir einmal eine Rolle Klopapier. Und die Mutter hat zu mir gesagt, daß ich dem Vater eine Rolle Klopapier bringen soll, weil er sie höchstwahrscheinlich brauchen wird, obwohl sie sich das alles noch nicht vorstellen kann, weil sie nur eine Frau ist. Da habe ich dem Vater aus dem Klo eine Rolle Klopapier gebracht. Der Vater hat mir die Rolle aus der

Hand genommen, und er hat immer mehr Papier von der Rolle heruntergedreht. Dann hat er das Papier abgerissen. Und jetzt, hat der Vater gesagt, werde ich das Papier hier hineinstecken, und hat das Klopapier beim Loch in den Ölofen hineingesteckt. Er muß nämlich, hat der Vater gesagt, den Ölofen trockenlegen, er muß die Überschwemmung in diesem Ölofen austrocknen, hat er gesagt. Das Prinzip hat der Vater das sogenannte Lösch- oder Fließpapierprinzip genannt. Er hat gesagt, daß das Klopapier jetzt eine Funktion hat, das Klopapier erfüllt genau denselben Zweck wie ein Schwamm, der alles aufsaugt. Dann hat uns der Vater gefragt, ob wir schon merken, wo er hinauswill. Die Mutter hat gesagt, daß sie beim Klopapier am Anfang nie gedacht hätte, wo der Vater damit hinauswill, daß sie aber jetzt schon sieht, daß der Vater wieder einmal recht gehabt hat und das Richtige unternommen hat. Da hat der Vater ein wenig lächeln müssen, weil er die Mutter wieder einmal überzeugt hat. Da sind wir alle recht stolz gewesen auf unseren Vater.

Jetzt hat der Vater gesagt, hat er zwei Möglichkeiten. Der Vater hat gesagt, daß er jetzt entweder das Klopapier, das vom Öl durchtränkt ist, aus dem Ofen herausziehen kann, das ist die eine Möglichkeit, oder daß er das Klopapier, das jetzt ein Ölpapier ist, auch im Ofen anzünden kann, das ist die Möglichkeit Numero zwei. Dann hat sich der Vater hingestellt und hat gesagt, daß er jetzt die Vor- und Nachteile der einzelnen Möglichkeiten gegeneinander abwägt und daß er sich für die bessere Möglichkeit von den beiden entscheiden wird. Die Möglichkeit Numero zwei, hat der Vater gesagt, ist die bequemere, hat aber den größeren Risikofaktor. Der Vater hat gesagt, daß er sich nicht wegen der Bequemlichkeit, sondern aus vernünftigen Gründen für die Lösung Numero zwei entscheidet, weil das Risiko kalkuliert ist und weil auch die Lösung Numero eins keine ganz saubere Lösung ist und eine gewisse Verschmutzung mit sich bringt.

Leider hat sich der Vater dann wirklich für die Lösung Numero zwei entschieden.

Als wir ihn am anderen Tag im Krankenhaus besuchten, war er schon wieder ziemlich wohlauf. Er sagte immer zu uns, nur keine Panik, meine Lieben, das ist nur eine Kleinigkeit, und das werden die Ärzte gleich haben, es hat ihm nur leider das linke Trommelfell beschädigt, aber das werden die Ärzte schon richten, die Ärzte haben in Rußland 1943 bei Stalingrad ganz andere Schäden behoben. Der Vater sagte, daß er sich diese unverhoffte Explosion überhaupt nicht erklären kann und daß der Ofen genau genommen gar nicht explodieren hätte dürfen, weil er alle Faktoren in Rechnung gestellt hat. Der Vater sagte aber, daß er zugibt, daß er bei der Lösung Numero zwei den Risikofaktor vielleicht ein bißchen zu niedrig angesetzt hat und daß ihm das eine Lehre für die Zukunft ist. Der zweite Fehler war, daß er bei der Explosion den Mund geschlossen hatte, wenn er nämlich den Mund offen gehabt hätte, wie sie ihn beim Militär in Rußland bei den Explosionen immer offen gehabt haben, dann wäre das mit dem Trommelfell nicht passiert, sagte er. Der Vater fragte die Mutter, wie die Wohnung ausschaut, die Mutter weinte aber leise und sagte, daß die Wohnung leider sehr ausschaut und daß wir jetzt leider in der Wohnung die russischen Verhältnisse haben. Der Vater fragte immer, was sie sagt, weil er sie nicht verstand, weil die Mutter auf der linken Seite saß, wo es dem Vater das Trommelfell zerrissen hatte.

Der Ökonomierat

Gegen den Nährstand kann man sich nicht
leicht wehren. Nur in autoritären Staaten lernt
der Wehrstand auch das Kartoffelklauben.
Selbst die Herren Studenten ziehen im Osten
frühmorgens zum Tor hinaus und verbringen
ein Semester auf den Feldern. Auf Links-
händer wird dort keine Rücksicht genommen.
Drei vier die Internationale. Vor der Vor-
lesung das Auflesen, erst die Arbeit dann die
Primärliteratur. Seminar kommt von semen,
seminis, deutsch Samen und heißt übersetzt
Pflanzstätte. Die Landarbeit wird als Prosemi-
nar verstanden. Wer jemals auf dem Land
gearbeitet hat, sieht manches, nicht nur die
bukolische Dichtung, in einem ganz anderen,
neuen Licht. Der Numerus clausus fällt beim
Kartoffelklauben weg. Allein eine Universität
wie die Greifswalds erspart sich durch den
Ernteeinsatz ihrer Studenten pro Jahr ungefähr
20 Dissertationen, eine nicht zu unterschätzen-
de Rationalisierungs- und Einsparmaßnahme.
Und dann das Verständnis der Rolle des Jätens
und Unkrautvertilgens im revolutionären
Prozeß des Sozialismus. Radikal kommt von

radix, radicis, deutsch Wurzel. Wie schwer ist es doch, einem alten Birnbaum auf den Grund zu gehen. Soviel dazu.

Mäeutik des Sokrates, um davon auch einmal zu reden. Immer habe ich als Gymnasiast diese lästige sokratische Ausfragerei mit dem Euter unserer Kühe in Zusammenhang gebracht (Volksetymologie). Wie kriege ich etwas heraus, das ist dort wie da die Frage. Unser Schweizer hat sich hingesetzt, und wie mühelos·hat er der Kuh die Milch entlockt, spielend, daß das pralle Euter nur so gestrahlt hat, und das aus sechs Zitzen, bis es leer war wie ein leeres Kuheuter. Der Unerfahrene aber setzt sich hin und zieht und zieht und reißt der armen Kuh schier die Brust, die in diesem Fall nicht auf der Brust sitzt, sondern unterm Bauch hängt, aus dem Leibe, und bekommen tut er nichts, rein gar nichts, nur von Zeit zu Zeit den Schweif ins Gesicht. Und heute die elektrischen Anlagen! Wie dumm ist doch die Kuh, daß sie sich auf das seelenlose Maschinelle der Melkmaschine einläßt. Was muß das früher für ein Gefühl gewesen sein! Aber ich will endlich aufhören, die Kuh beim Euter aufzuzäumen und zu meinem eigentlichen Thema kommen, der Standesvertretung unserer Bauern, Landwirte, Ökonomen, wie immer bitte Absatz.

Klagen sind das tägliche Brot der Bauernvertreter. Einer ist's, der sät, und ein anderer ist's, der erntet. Keine Rede vom Acht-Stunden-Tag, der erste Urlaub nach dem Ableben. Die Bauern sind die Dummen. Ganz wie im Barock, sagte ein akademisch gebildeter Agrarfunktionär, damals durften die Bauern auch nur in Komödien und als Trottel auftreten, die alte Tragödie. Die Vertreter des Bauernstandes sind elegisch gestimmt, sie kommen aus dem konservativen Lager und sehen immer schwarz. Wenn es wahr ist, was sie sagen, dann werden die Bauern ausgenommen und geschröpft, eingekocht und verbraten. Dann läßt man sie dünsten.

„Du viel verachter Bauernstand, bist doch der beste in dem Land", heißt es im „Simplicius Simplicissimus" des Christoffel von Grimmelshausen, und Alois Brandstetter fährt in seinem Buch „Der Leumund des Löwen" fort: „kein Mensch deine Lobby gnugsam preisen kann". Die Landwirtschaft muß sich gesundschrumpfen. Ein namhafter Politiker der Deutschen Bundesrepublik, ein Mensch von mindestens zwei Zentnern Lebendgewicht, erfand das fatale

Schlagwort vom Gesundschrumpfen. Gesund, wirklich gesund, wird der Mensch natürlich tatsächlich erst, wenn er stirbt.

Brüssel heißt heute das Reizwort der Bauern. Wo es ausgesprochen wird, schütten die Bauern auf der Stelle die Milch auf die Straße, setzen sich auf den Traktor und fahren querfeldein Amok.

Wir veranstalten eine Sternfahrt nach Linz, sagt der Ökonomierat zu seinen Leuten. Wer einen Mercedes hat, läßt ihn aber daheim, so ist Sternfahrt nämlich nicht gemeint, bitte.

Überhaupt, wer es mit den Bauernvertretern aufnehmen will, muß wie die Bauern früh aufstehen. Auch die Standesvertreter der Arbeiter sind zu allem imstand. Und natürlich gibt es auch unter den Gewerkschaftern welche mit der berühmten Bauernschläue.

Mancher Ökonomierat spricht so undeutlich und artikuliert so schlecht, als hätte er Schwielen an den Stimmbändern. Schau, dort hilft sich ein Bauernvertreter durch Unbeholfenheit. Und schon hat er seine Sozialpartner übertölpelt.

Die Grundnahrungsmittel sind heute so billig, sagt der Präsident der Präsidentenkonferenz, daß man bald, wenn diese unheilvolle Entwicklung anhält, etwas herausbekommen wird, wenn man sie kauft.

Wir sind rundum umstellt von Feinden, der Tierschutzverein gehört auch nicht gerade zu unseren Freunden. Die Tierschützer, sagt der Ökonomierat, möchten gern, daß wir mit den Hühnern ins Bett gehen. Letzthin trete ich auf einem Grieskirchner Trottoir in Hundekot und begegne justament in dem Augenblick dem Präsidenten des Tierschutzvereins, das war natürlich kein günstiger Zeitpunkt für ein Gespräch, sagt der Ökonomierat.

Das Schwein kommt in der öffentlichen Meinung sehr schlecht weg. Der Löwe aber hat eine gute Presse. Er liegt faul im Zoo herum, gähnt in den Tag hinein und läßt sich begaffen. Der Löwe ist ungerechterweise gut beleumundet. Auch die Bauern sind mit den Schweinen unzufrieden, insbesondere im Herbst, wenn der Fleischpreis sinkt. Lesen Sie einmal im September die niederschmetternden Auslassungen des Agrarjournalismus. Flaute an der Schweinefront, säuische Preise für das agrarische Produkt. Wann nur hebt das Schwein wieder ab, fragt einer besorgt im „Bauer".

Luxusgüter haben charmante und elegante

Preise, auch Drogen und Arzneimittel. Ja, wenn hier die Ginsengwurzel, oder wie die feine Dame heißt, wachsen würde, sagt der Ökonomierat, da wär ich schön heraus. Der Kartoffel aber geht es wie dem Schwein. Die Erdäpfel schauen alle ein wenig verächtlich und von oben herab an.

Auf der Suche nach einem guten Schluß, der die historische Bedeutung des Bauernstandes schlagartig verdeutlichen könnte, fällt mir der Name Cincinnatus ein. Ich sage also Cincinnatus, CINCINNATUS, nichts weiter.

Die Mutter

Jährlich um Martini fing meine Mutter eine Gans, schlachtete sie und putzte sie und stopfte sie aus, dann verpackte die Mutter die Gans und schickte mich mit ihr zum Herrn Pfarrer. Ich soll an der Tür läuten, hat meine Mutter gesagt, und wenn der Pfarrer aufmacht, muß ich schön Grüß Gott, Hochwürden, sagen und sagen, da schickt mich meine Mutter mit einer Kleinigkeit, und die Gans soll dem Hochwürden gut schmecken, gelobt sei Jesus Christus. Ich darf aber in meiner Unbeholfenheit die Gans nicht wieder auf den Boden fallen lassen vor Aufregung, hat meine Mutter gesagt, wie ich es auch schon gemacht habe. Ich muß dem Hochwürden in die Augen schauen, wenn ich sage, hier schickt mich meine Mutter mit einer Kleinigkeit, und Hochwürden soll sich, bitte, die Gans gut schmecken lassen, gelobt sei Jesus Christus. Wenn der Herr Pfarrer sagt Vergelt's Gott, dann muß ich antworten Segne's Gott. Und wenn mir der Pfarrer den Segen erteilt, hat meine Mutter gesagt, dann muß ich mich niederknien und das Kreuz schlagen. Ich darf aber nicht, wie ich es sonst immer tue, einfach mit dem Daumen einen schlampigen Fahrer übers Gesicht zur Brust machen, sondern ich muß drei schöne Kreuzerl auf Stirn, Mund und Brust zeichnen, und wenn Hochwürden sagt, es segne dich der allmächtige Gott, der Vater, der Sohn und der Heilige Geist, dann muß ich schön laut Amen sagen. Dann muß ich mich wieder erheben, hat meine Mutter gesagt, aber ich muß mir nicht gleich umständlich die Knie abputzen, wie ich es sonst immer mache, als ob die gute Köchin des Herrn Pfarrer das Vorhaus nicht gut geputzt hätte, das soll ich später machen, wenns notwendig ist, wenn mich niemand mehr sieht, auf dem Heimweg. Und jetzt soll ich mich gleich auf den Weg machen, hat meine Mutter gesagt. Ich soll aber allein gehen, hat meine Mutter gesagt, und nicht wieder den Keser Fritz und vielleicht den Plenk Toni abholen, die Gans ist fett, aber so schwer auch nicht, daß ich sie nicht allein tragen kann, daß ich sie vielleicht unterwegs wieder irgendwo ins Gras schmeiße und mit dem Keser und dem Plenk Bachwaten gehe und nach Binderschlögeln suche und Tierquälereien begehe, wie ich es leider voriges Jahr gemacht habe, weil uns der Neurichter Matthias gesehen und der Mutter alles erzählt hat. Und auch der Herr Pfarrer hat sich voriges Jahr sehr gewundert, weil die Verpackung ganz zerfetzt war und die arme Kreatur war bis zur Unkenntlichkeit entstellt. Das darf nicht wieder vorkommen, hat die Mutter gesagt. Eine solche Gans, wie ich sie voriges Jahr zugestellt habe, hat die Mutter gesagt, ist in diesem Zustand eine Beleidigung der Heiligen Römischen Kirche und ihrer hochwürdigen Diener. Was müssen sich denn der Herr Pfarrer und seine Köchin von uns denken, wenn ich eine ganz zerschundene Gans daherbringe. Ich strenge mich an, hat die Mutter gesagt, und nehme die schönste Gans und putze sie mit großer Sorgfalt, nehme sie aus und fülle sie, und du wirfst sie unterwegs in die Wiese, daß sie die Füllung und überhaupt die ganze Form verliert. Eine solche Gans ist eine schwere Sünde, hat meine Mutter gesagt. Den Eltern vom Keser Fritz und Plenk Toni macht das vielleicht nichts aus, wenn ich dem Herrn Pfarrer eine häßliche Gans bringe, weil sie nicht christlich sind und für die Kirche und ihre treuen Diener keine Gans und auch sonst nicht viel übrig haben und mit Müh und Not die Kirchensteuer bezahlen, aber wir sind eine christliche Familie, hat meine Mutter gesagt. Das soll ich unterwegs gut bedenken und ja nicht wieder vergessen, wenn ich einen Apfelbaum oder ein Vogelnest oder wenn ich die Fische und die Forellen im Bach herumschwimmen sehe. Die Mutter hat gesagt, daß mich die Fische und die Vögel in diesem Augenblick gar nichts angehen, sondern nur die Gans geht mich in diesem Augenblick etwas an, und die bekommt der Herr Pfarrer, und zwar so, wie sie von Natur aus war und im unschuldigen und unversehrten Zustand gewesen ist. Ich darf auch unterwegs nicht mehr die Schuhe ausziehen und irgendwo stehen lassen, weil ich sie mir geschöpft oder beschmutzt habe. Der Herr Pfarrer hat keine bloßfüßigen Kinder gern. Wenn du halbnackt vor dem geistlichen Herrn erscheinst, hat meine Mutter gesagt, dann merkt der geistliche Herr gleich, daß du dich schon wieder nach dem Sündenfall befindest und wahrscheinlich irgendwo Äpfel gestohlen oder Binderschlögel und Krebse gequetscht oder sonst etwas Sündhaftes verrichtet hast. Ich schicke dich heute nicht zur Beichte, hat meine Mutter gesagt, beichten mußt du am Sonntag, heute mußt du nur diese Gans im Pfarrhof abgeben, das ist eine gute Tat, und der Herrgott sieht sie gern und mit Wohlgefallen, wenn du sie wie ein braver Bub ausführst und keine Untat daraus machst.

Wir ehren mit der Gans den Herrn Pfarrer, hat meine Mutter gesagt, weil er vom Herrgott eingesetzt ist, damit er uns die Sünden abnimmt und die Sakramente spendet, darum spendieren wir ihm zu Martini immer eine Gans, und die Pfarrerköchin ehren wir auch, weil sie dem Herrn Pfarrer den Haushalt abnimmt und zu Diensten ist in allem, was recht und billig ist. Sie darf auch mitessen bei der Gans, weil sie sich Tag und Nacht um das leibliche Wohl des geistlichen Herrn bekümmert. Und jetzt geh endlich, hat die Mutter gesagt, und vollbringe die heilige Handlung, und mache nicht wieder eine Lausbubengeschichte daraus.

Der Vater hat uns aber einmal einen lustigen Witz erzählt, an den ich unterwegs immer denken mußte. In dem Witz, den uns der Vater erzählt hat und an den ich unterwegs immer denken mußte, dreht es sich darum, daß ein Bub wie ich vom Vater mit Butterbirnen zum Pfarrer geschickt wird, und der Vater hat zu seinem Sohne gesagt, daß er zum Pfarrer sagen soll, wenn er ihm die Butterbirnen bringt, hochwürdiger Pfarrer, hier

schickt mich mein Vater mit den butterweichen
Birnen, und der Bub sagt aber, weil er recht
aufgeregt ist: Butterweicher Pfarrer, hier
schickt mich mein Vater mit den hochwürdigen
Birnen. Die Mutter hat aber den Vater recht
geschimpft, als er uns den Witz von den Butterbirnen erzählt hat, weil man über die geistlichen
Herren keine Witze machen soll, und schon gar
nicht vor Kindern, die sich alles merken und
weitererzählen, und dann sagen die Leute, dort
erzählen sie solche Witze, in denen die geistlichen Herren heruntergemacht werden, und
dann kann es mit dem Christlichsein bei denen
auch nicht so weit her sein. Und vielleicht
sagen sie auch noch, daß die Martinigans für den
Herrn Pfarrer auch nur scheinbar ist. Der Vater
hat aber trotzdem recht gelacht, und meine
Geschwister und ich haben auch recht lachen
müssen. Nur die Mutter hat den Kopf geschüt-
telt und nicht mehr gewußt, was sie noch sagen
soll, wenn der Vater der christlichen Erziehung
seiner eigenen Kinder in den Rücken fällt und
stark entgegenarbeitet. Ich habe mir unterwegs
gedacht, daß der Vater mit der geschenkten Gans
für den Hochwürden vielleicht gar nicht so
einverstanden ist, weil er selber gern ißt und oft

gesagt hat: Selber essen macht fett. Und ein anderes mal hat er gesagt, als vom Glauben die Rede war und die Mutter gesagt hat, daß man unbedingt glauben muß, was die Kirche sagt, wenn man in den Himmel kommen will, daß er persönlich glaubt, daß man aus einem halben Kilo Rindfleisch eine gute Rindssuppe machen kann. Aber gegen die Gans hat er nichts gesagt, er hat oft gesagt, daß er im Krieg war und jetzt seinen Frieden will. Und wenn man mit dem Kirchengehen den Frieden herstellen kann, dann geht er um Gottes willen halt auch in die Kirche, auch wenn es kein großes Bedürfnis ist.

Einmal hat aber mein Vater gesagt, als er mich mit der Gans vor dem Haus getroffen hat und die Mutter nichts gehört hat, daß dem geistlichen Herrn sicher das Weihwasser im Mund zusammenlaufen wird, wenn er unsere schöne Gans sieht. Aber das war damals auch eine, die ich nicht mehr gar so schön abgeliefert habe, hat nicht mehr viel gleichgeschaut am Ende.

Der Lehrer

Das Wissen ist die Macht des Lehrers, seine Frau führt die Haushaltskasse. Der Herr Lehrer hat sein Buch, und seine Gattin hat ihn in der Hand, so hat ein jedes etwas. Ich habe nichts gegen deine Bücher, sagt die Frau des Lehrers zum Lehrer, aber steht in deinen Büchern nicht auch, daß sich ein Mann vor allem um seine Frau und seine Familie kümmern muß? fragt sie zänkisch. Je mehr sie aber keift, umso tiefer vergräbt er sich in seine Bücher.

Sein Lieblingsbuch ist Robinson Crusoe. In einer familiären Situation wie der angedeuteten werden freilich auch Sachbücher zu Traumbüchern. Selbst Werke der Verhaltensforschung liest ein Mensch wie mein Lehrer als eskapistische Literatur. Das aber hindert ihn nicht, wenn auch nur heimlich, von den Graugänsen des Verhaltensforschers auf seine Gattin zu schließen. Manchmal meint er in ihr nicht dem sogenannten Bösen, sondern dem Bösen an sich und schlechthin zu begegnen. Sie ist, mit der Verhaltensforschung gesprochen, aggressiv und angriffslustig, er macht einen eher unlustigen und verhältnismäßig verhaltenen Eindruck.

Wozu aber solche nach außen hin völlig ruhig scheinenden Menschen plötzlich oft fähig sind, darüber hat sich nicht nur manche Landesschulbehörde schon gewundert. Das hat schon Mordkommissionen beschäftigt. Und Psychiater. Ohne Vorwarnung, bloß aus einem momentanen Ärger darüber, daß er nach dem Aufräumen seiner Frau seinen Robinson nicht finden kann, verwüstet der Herr Lehrer wie aus heiterem Himmel die Wohnung, räumt seine Frau aus dem Weg und stürmt, nachdem er mit seiner Frau aufgeräumt hat, ins Freie, wo er schließlich auf einen Hochspannungsmast klettert und von oben weinend nach Freund Freytag Ausschau hält. Das ganze spielt sich irrsinnigerweise in den Ferien ab. Dies ist eine Anmerkung der epischen Vollständigkeit halber, soll aber nicht von der Tragik des inkriminierten Falles ablenken. Die Biographie manches auffällig oder gar straffällig Gewordenen ist von vorne bis hinten ein einziger mildernder Umstand.

Oder plötzlich schulspezifische Verfehlungen, Päderastie etwa. Wie die Wirtschaft ihre Wirtschaftskriminalität, so hat auch die Schule ihre eigentümlichen Versuchungen und Verstöße. Geschäfte machen und Steuer hinterziehen kann ein Lehrer kaum, Unzucht mit Abhängigen aber kommt leider vor.

Die Mädchen der höheren Klassen besitzen bereits einen gefährlichen pädagogischen Eros. Ihre Leibeserziehung übernehmen deshalb lieber weibliche Lehrkräfte. Sie können sie besser anfassen, bitte keine Schlüpfrigkeiten! Die Mädchen können auch mit Geschlechtsgenossinnen im Lehrkörper problemloser sprechen. Haben sie eben Besuch, so brauchen sie nicht zu sagen: Ich habe Besuch. Besuch ist schlecht, unwohl ist gut. Deshalb soll der Lehrkörper im Turnen immer dieselben Geschlechtsmerkmale tragen.

Schwangerschaft ist ein Befreiungsgrund. Gravidität hat nichts zu tun mit Bauchaufschwung, läßt ihn im Gegenteil als untunlich erscheinen. Früher war sie notwendig nicht nur mit dem Abgang vom Gerät, sondern auch von der Schule verbunden. Eine Unterbrechung bedeutet sie natürlich auch heute. Die Mitschüler sagen von einer solchen Unglücklichen: Sie wurde aufgerundet. Man kann aber den Turnunterricht der Mädchen nicht mit der Sexualkunde der Jungen zusammenlegen, wie einmal ein Siebengescheiter in Sachen Sex gemeint hat.

Hier stellt sich einmal mehr die Frage nach der Koedukation, die Vorteile sind bekannt, manchem Mädchen ist daraus freilich auch schon ein Nachteil erwachsen. Zu den Vorteilen: Burschen und Mädchen werden früh an einen natürlichen Umgang miteinander gewöhnt. Es wird die Einsicht gefördert, daß Mädchen nicht schwach und dumm und Burschen nicht immer stark und klug sind. Jedes gibt oder nimmt, was es hat oder braucht. Do ut des, sagt der Lateiner. Er läßt abschreiben, sie läßt sich nicht lange bitten. Adam erklärt Eva ein schwieriges Problem wie den freien Fall, Eva schenkt Adam einen Apfel. Kenntnisse und Würste wechseln ihre Besitzer, fleischliche und geistige Güter werden sozialisiert. Karl rechnet Inge etwas vor, Inge rechnet nach, das könnte sich ausgehen, bleibt kein Rest.

Geraucht wird in der großen Pause im Freien. Lehrer und Schüler umgibt eine Rauchwolke und sind dadurch kaum noch voneinander zu unterscheiden. Früher lag der Schulhof im Klosett.

Die Schüler nehmen sich an den Lehrern im Guten wie im Schlechten ein Beispiel. Lehrer sind, wie die Soziologie so treffend sagt, Multiplikatoren. Das bedeutet aber auch umgekehrt: Der Lehrer ist immer in der Minderheit. Der Lehrer sieht sich allein dreißig Kindern gegenüber. Auch wenn die gegenwärtige Schulpolitik fortgesetzt wird, dauert es noch 100 Jahre oder länger, bis wir beim Bruch Lehrer durch Schüler ein reziprokes Verhältnis erreicht haben. Sind wir einmal mit unserer Verschulung so weit, so wird eine ganze Klasse Lehrer auf einen einzigen Schüler warten. Dann wird der Schüler die Dividende der Lehrer sein. Jetzt ist es umgekehrt. Die Schüler sind ein Vielfaches des Lehrers. Nimmt man pro Schüler noch seine zwei Eltern dazu, die natürlich ebenfalls seine Partei ergreifen, so wird einem schon klar, daß sich der Lehrer auf die Füße stellen muß, wenn er bei dieser Übermacht des Gegners nicht dividiert werden will. Manche Eltern sind bedauerlicherweise so uneinsichtig, daß sie eher verlangen, die Grundlagen der Mathematik oder die Erdgeographie zu verändern, als daß sie eine schulische Veränderung an ihrem Sprößling in Gestalt von Wissensaneignung in Betracht ziehen und erlauben würden. Die Kleinen müssen ihrer Meinung nach im Zustand der Unschuld und der Unwissenheit erhalten werden. Viele Lehrer aber sind selbst Eltern!

Es muß alles in Frage gestellt werden, es muß alles hinterfragt werden. Dies ist eine vernünftige Forderung. Ein Lehrer aber, der wegen der ständigen Schulreformen nicht mehr aus und ein weiß, ist der festen Überzeugung, daß nun endlich auch das Hinterfragen einmal hinterfragt werden müßte. Wir haben die Schule in Frage gestellt, sagt dieser Jünger Pestalozzis, und da liegt sie jetzt. Er verlangt statt der vielen Fragezeichen endlich einen Punkt und ein Rufzeichen! Vor lauter Schulversuchen ist die Schule heute insgesamt nur noch ein Versuch, und zwar ein mißlungener. Die Schule muß jetzt endlich einmal einige Zeit in Ruhe gelassen werden und außer Frage stehen. Dieser Lehrer vergleicht die Schule mit einem Patienten, der mit tausenderlei Medikamenten zu Tode kuriert wird. Planlos, behauptet er, wird *experimentiert.* Ja, die Schule war sogar ein Gesunder, den man systematisch maladisiert hat. Und er verlangt entschieden eine Reform der Reformen, nach der Reform an den Gliedern eine Reform des Hauptes. Die Schulbehörde und das Ministerium werden oft als Haupt bezeichnet, er hält das Ministerium aber nicht für den Kopf, sondern für einen Kropf. Das Ministerium ist ein Geschwür, sagt er, und zwar ein bösartiges. Das werden die hohen Herren aber nicht gerne hören. Hoffentlich bekommt der Herr Lehrer wegen des Kropfes da kein Disziplinarverfahren an den Hals. Eigentlich müßte er wissen, daß die Ministerialbürokratie oft nicht nur wenig von der Materie, sondern auch keinen Spaß versteht.

Der Oberbürgermeister

Oberbürgermeister in New York (Vereinigte Staaten von Amerika) oder Bürgermeister im steirischen Obdach (Österreich), das macht einen Unterschied. Dort an die 10 Millionen unruhiger Einwohner, hier Seelen, zweitausend vielleicht. Mister Lindsay wußte, warum er einen Karatekurs besuchte, für Altenehrungen sicher nicht. Nicht nur einmal griff er während seiner Amtszeit zum Polizeigriff.

Besinnen wir uns denn, sagt in ähnlichem Sinne der Oberbürgermeister von Boston auf amerikanisch, auf die Tugenden unserer altvorderen Pioniere. Ein Mann war ein Mann, und ein Sheriff war ein Sheriff, hieß nicht bloß so. Mit einer Unterschrift war es nicht immer getan. Und wenn der Sheriff auf den Tisch oder auf den Gesetzesbrecher schlug, oder wenn er sich auch nur erhob, so konnte jedermann sehen: Seine Autorität ist eine natürliche! Hier war einer nicht nur Sheriff kraft seines Amtes, sondern auch kraft seiner Kraft. Vieles saß locker im Westen, der Sheriff saß fest im Sattel. Nur weil er schneller zog, konnte er sich halten. Unverletzlich und unangreifbar war er nicht. Die nämliche Härte und Ausdauer wie bei den Gangstern, nur seitenverkehrt. Legislat - und Exekutive in einer Hand, und handgemacht. Rückfragen beim Distrikt fruchten wenig, Kompetenzen werden überritten. War einer überdurchschnittlich klug, mußte er nicht ganz so stark sein. Ja, so war es einmal, heute ist das alles nur noch ein Kino und nichts als ein Film. Unsere Sache (Cosa nostra) ist eine andere, unsere Probleme, sagt der New Yorker Oberbürgermeister, sind der Müll, die Gewerkschaften und Harlem, sind sie es nicht? Im europäischen Harlem Bürgermeister zu sein, käme ihm wie ein Bild von Rembrandt oder Vermeer van Delft vor, Genre. Selbst Amsterdam mit seiner Drogenszene ist, verglichen mit New York, ein Stilleben. Himmlisch, sagte der Amerikaner, holländisch! Ja, diese jahrhundertealten, ehrwürdigen und kultivierten Patrizierfamilien, diese Tulpenbauern und Stalmeestergeschlechter im Rat der Stadt. Auch von der Schweiz träumen und schwärmen immer wieder Bürgermeister in aller Welt, vom geraden Sinn der Eidgenossen. Grüner Heinrich, es ist als ob Gottfried Keller noch unter den Lebenden weilte. Welcher Bürgermeister würde sich denn wohl nicht Calvinisten als

Bürger wünschen. Hei, das wäre ein feines Regieren, ein ruhiges. Kriminalität, was ist das? Ein Konflikt- und Aggressionsforscher wird sich nicht gerade in der Schweiz ansiedeln wollen, der Friedensforscher ja, Friedensforscher und Zukunftsforscher vielleicht schon. Die neutrale Sonderform der Pax Helvetica ist indessen auch für den Friedensforscher, global und aufs Weltganze gesehen, nur von beschränkter regionaler Bedeutung. Aber lernen könnte die Welt von der Schweiz schon etwas, nicht wenig sogar.

Alles über Deutschland: Köln darf nicht Chikago, Hamburg darf nicht Los Angeles und München darf nicht New York werden, darin ist sich der deutsche Städtetag einig. Auch den Gastarbeitern aus der Türkei und Spanien sind unsere mitteleuropäischen Moral- und Hygienevorstellungen deutlich zu machen.

Alle reden neuerdings von der Konzentration und Zentralisierung der Verbrechensbekämpfung, verbrochen selbst wird aber überall. Wo ist die natürliche Grenze der städtischen Kriminalität? Desintegration ist nachgerade ein Zeichen der moralischen Unordnung, behauptet ein Sachverständiger am Städtetag, was immer

das auch bedeutet. Eine zentrale Verkehrs-
sünderkartei läßt sich anlegen, der Verkehr selbst
geht kreuz und quer und durcheinander. Das
einzig wirksame Mittel, Unfälle zu verhüten,
ist nach der Meinung dieses Teilnehmers, eines
Bürgermeisters einer bayerischen Kleinstadt,
das Daheim- und Zuhausebleiben. Da lacht der
Städtetag.
Nächstes Thema: Gebietsreform und Maß-
nahmen zur Verbesserung der Infrastruktur.
Der Vorsitzende schneidet die Universitäten
an. Wer bekommt die nächste Universitätsneu-
gründung? Die Bürgermeister ducken sich.
Früher sind sie aufgesprungen, alle wären sie
seinerzeit gern Universitätsstadt geworden. Ein
Masochist müßte man sein! sagt ein Bürgermeister aus Württemberg. Mit einer Universität
würde ich mich gar nicht mehr heim trauen,
sagt einer, wir haben genug Krawall. Wir
haben eh (bayer. ohnedies) schon eine Jugend-
strafanstalt, sagt ein Bayer, ich kann meiner
Stadt nicht noch eine Laus in den Pelz setzen.
Ich möchte einen Zoo.
Den deutschen Oberbürgermeister erkennt
man an der Kette, den modernen deutschen
Oberbürgermeister erkennt man daran, daß

er sie selten trägt. Fährt der Frankfurter OB zu einer Hausbesetzung ins Westend, kann er die Würde getrost daheimlassen.

Eroscenters und Palais d'amour sollte kein Bürgermeister feierlich eröffnen, diese Institute (früher vom Volksmund als Puffs apostrophiert) nehmen am besten informell den Betrieb auf, werden formlos dem Verkehr übergeben. Ein gewisses Maß an Verrucht- und Verkommenheit braucht freilich eine moderne Großstadt. Auch Proletariat sollte nicht ganz fehlen, gehört ebenfalls ins Stadtbild. Eine Kaserne mit Militär ist bei größeren Unruhen sehr beruhigend. Dann hat sich die Stadt auch nicht über einen Mangel an Eintänzern beim Debütantinnenball der Bürgersfräulein zu beklagen. Und auch im Katastrophenfall weiß der Bürgermeister, an wen er sich wenden kann.

Kein Mensch auf der Welt gewährt ähnlich viel Ehrenschutz wie der deutsche Oberbürgermeister, ein ziemlich weitgehender Protektionismus. Es gibt keinen Schutz vor Ehrenschutz für Oberbürgermeister. Er darf sich keinem Verein versagen.

Der Münchner Oberbürgermeister darf um Himmels willen kein Antialkoholiker, der Hamburger kein Kostverächter, der Frankfurter wegen der Buchmesse kein Analphabet, der Kölner kein Protestant und der Berliner kein Bayer sein.

Karneval aus Leibeskräften. Mancher ist lustig im Schweiße seines Angesichtes. Jetzt muß der Oberbürgermeister Humor zeigen, und wenn's auch Kraft kostet. Am Aschermittwoch ist alles zu spät. Der Mainzer setzt die Kappe auf und singt und lacht. Der deutsche Humor ist nie verletzend, nur bei der Rückfahrt der Wagen des Karnevalszuges hatten wir schon oft Tote, Opfer der Lust.

Ehrenbürger, wem Ehrenbürger gebührt. Die Stadt rechnet es sich zur Ehre an. Ein eigentlicher Vorteil ist nicht dabei. Den Nachlaß bekommt ein Enkel, einmal wird auch er zum Ehrenbürger ernannt.

Es gibt Städte mit einem Überfluß an großen Söhnen. In anderen Städten wimmelt es leider nur so von Lokalgrößen. In anderen Städten sind Goethe, Beethoven und Wagner wieder nur abgestiegen, das reicht gerade für eine Tafel. Und dann die Städte mit dem traurigen Ruhm. Braunau kann sich nicht mehr erholen, auch Nürnberg braucht noch einige Jahrhunderte.

Mit Schleifen hat es nicht immer sein Bewenden, mit Schubraupen werden wir die Vergangenheit sicher nicht bewältigen. Es gibt Oberbürgermeister, die könnten depressiv werden. Und Städte, die sind eine einzige schlimme Assoziation.

In Attnang steigt man nur um, Vilshofen umfährt man am besten. Viele lassen selbst München links oder rechts liegen.

Eine Stadt ist ihre Messe nicht, eine andere nur eine Reise wert.

Der Dichter

Einer stiftet das Bleibende mit der Schreibmaschine, ein anderer bleibt bei der Feder, sogar ein Stehpult, Modell Schiller, hat er im Dorotheum erstanden. Fehlen nur noch der Zopf, die Halskrause, die Kniehose, die Spangenschuhe, ein gekonnter Kontrapost mit Spielbein und Standbein und ein Scherenschneider, der dies alles festhält.

Der Schreibmaschinist bringt sich leicht in den Verdacht, gar kein Dichter, sondern vielleicht doch nur ein Schriftsteller, wenn nicht überhaupt nur ein lächer- und kümmerlicher Feuilletonist zu sein. Was Schriftsteller schreiben, ist leider nicht so haltbar wie das von Dichtern Gestiftete, das ist besser abgedichtet. Die Poesie ist rostfrei.

Dort schaut ein Autor bekümmert auf die Tastatur seiner Schreibmaschine und kann es nicht fassen, daß dieser Vorrat an Tasten für die größten noch zu schreibenden Werke der Weltliteratur ausreichen würde. Wenn ich nur die Reihenfolge wüßte, denkt er. Und in der Tat enthält die Maschine alles nur Mögliche. Selbst der beste Bestseller ist, so gesehen, nichts als eine Frage des organisierten und systematisch geordneten Hinlangens.

Einer schreibt mit zwei Fingern, ein anderer mit zehn Fingern, sogar blind, hierin Homer ähnlich. Dem Lyriker, der alles klein schreibt, reicht der Zeigefinger der rechten Hand.

Ich begann auf einer kleinen übertragenen Olympia, stieg dann auf Hermes um und möchte mich demnächst, nach den Erfolgen meiner letzten Bücher, zu einer elektrischen Adler aufschwingen. Ich möchte nämlich in Zukunft leichter und vor allem gleichmäßiger schreiben, es soll endlich Schluß sein mit dem harten Anschlag. Das Farbband soll aus Seide sein, vielleicht schreibe ich ohne Durchschlag, unter Umständen sogar farblos. Die Ilias ist eine Blindenschrift! Auch das muß man einmal sehen.

Nicht immer stellt sich der Erfolg ein, und stellt er sich einmal ein, bleibt er einem nicht unbedingt treu. Sehr günstig wirkt sich für einen Autor auf jeden Fall eine Frau aus, die ihren Mann unbeirrt und ausdauernd bewundert und ständig ein wenig dazuverdient. Vor allem Lehrerinnen bieten sich an. Bei öffentlichen Lesungen kann die Gattin das Publikum bilden. Der Dichter nennt seine Frau Diotima oder Kalb, lieber Diotima, ist lieber. Sie muß gar nicht atemberaubend schön sein. Sie trägt eine starke Brille, gleicht insofern nicht der Susette Gontard, darauf kommt es nicht an. Aber sie sucht durch ihre dicke Brille angestrengt für ihren Mann einen Verlag, darauf kommt es an. Sie erkennt und anerkennt den Verkannten. Und sie kann ihren Mann auswendig. Auch Mütter und Geschwister können sehr überzeugt sein. Mütter glauben meist schon von Geburt an an ihre Kinder. Selbst Großeltern und Verwandte zweiten Grades kommen als Subskribenten in Frage. Wenn aber alle Stricke reißen, bleibt leider oft nur noch das Selbstmitleid.

Manchmal kommt es auf Referenzen an. Referenziert freilich ein Unbekannter einen Unbekannten, so müßte ja der referenzierte Unbekannte erst den referenzierenden Unbekannten bekannt machen, da strengt er sich besser gleich selber an. Bitte Vorsicht, denn oft denken auch Große von Kleinen groß und von Großen klein, oder Kleine machen Große herunter und loben Kleine, also ihresgleichen, hoch hinauf. Und ist einer, so oder so, erst einmal hochgejubelt, kriegst du ihn kaum noch herunter.

Leider habe ich auch dies erlebt: Eine Potenz

wird von einer Null am Boden zerstört und kann sich nur noch schwer erheben.

Trost findet sich immer in der Geschichte. Hat denn nicht auch Goethe Vogel, diesen komischen Vogel, über Beethoven gestellt? Auch Hölderlin war dem Olympier schwer beizubringen, und zwar von Schiller. Und so weiter. Die Geschichte beweist alles.

Hin und wieder möchte man ja einem Autor, der an starken Minderwertigkeitsgefühlen leidet, einfach nur recht geben. Das ist nicht nur so ein Gefühl, möchte man ihm zurufen, oder auch, dein Gefühl täuscht dich nicht.

Einer bespricht einen Schlechten gut, weil er sich, menschlich sympathisch, sagt, der ist mit seiner Literatur gestraft genug.

Nicht wenige Zeitungsredaktionen verfahren nach der Maxime, daß schlechte Bücher wenigstens gut besprochen werden sollten.

Bin ich froh, daß Kerr und Kraus nichts mehr besprechen! Hierin bin ich sicher mit vielen Autoren solidarisch.

Dort hat einer ein gutes Herz und sagt sich sein ganzes Kritikerleben lang: Nihil nisi bene. Freilich stiftet er mit dieser Einheitlichkeit auch ein wenig Verwirrung.

Wenden wir uns endlich der entscheidenden Frage zu, was heutzutage der Gegenstand der Literatur sein sollte. Dazu eine Geschichte: Zu Besuch bei Freunden in Cronenberg im Bergischen Land, besuchte ich mit denselben vor vielen Jahren des öfteren einen Gastwirt, der dortselbst in weitem Umkreis als Original gerühmt wurde, da er, wie es hieß, der Dichtkunst mächtig und heitere Verse aus eigener Produktion herzusagen und dergestalt nicht nur für das leibliche, sondern auch das geistige Wohl seiner Gäste etwas zu bieten im Stande sei. Nachdem ich nun selbst wiederholt in den Genuß seines Bieres und seiner die Bergische Landschaft rühmenden lyrischen Hervorbringungen gekommen war, kam einmal im weiteren Verlaufe des Abends das Gespräch auf Krankheiten, Verletzungen und Verwundungen, und es zeigte sich, daß der wackere Schankwirt auch auf diesem Felde Eigentümliches und Seltsames in sprachlich ansprechender Weise vorzubringen hatte, so zwar, daß er seine Erzählungen, auf das Anschaulichste demonstrierend, untermalte, indem er zu vorgerückter Stunde seinen Oberkörper entblößte, auch den Bauch, soweit es schicklich war, frei und auf den

Tresen legte und seinen von Operationsnarben und Schrammen verschiedener Länge und Schwere übersäten Körper zur allgemeinen Besichtigung freigab, wobei er zu jeder Blessur und zu jeder Narbe nicht nur das dazugehörige Datum der Schlacht, respektive Operation, sondern auch den Namen des Gegners oder Arztes, der sie ihm beigebracht oder zugefügt, und zahlreiche Details über Spitäler und dergleichen nennen konnte. Ich war anfangs etwas befremdet, späterhin aber doch stark beeindruckt, namentlich von der Lebendigkeit, mit welcher er über gefährliche Situationen und den Tod, dem er so oft, wie er sich auszudrücken beliebte, von der Schaufel des Totengräbers gesprungen war, zu berichten wußte, weshalb ich mich dem Guten gegenüber schließlich zu der Bemerkung verstand, ob nicht auch alles dies, neben den Bergen, Flüssen und Tälern et cetera seiner schönen Bergischen Heimat, einen möglichen Gegenstand seines dichterischen Interesses und seiner sprachlichen Kunstfertigkeit bilden und abgeben könnte, was er indes, während er seinen mächtigen Körper wieder in seine Wirtskleider verpackte, anfangs ein wenig verdutzt und entgeistert, später jedoch mit Sicherheit und Entschiedenheit in Abrede stellte, da sich die Poesie seiner Meinung nach eher mit erhabenen Gegenständen als dem Bergischen Land befassen und alles Niedere und Gemeine als etwa „eine hundsgewöhnliche zerschnittene Schankwirtswampe", wie er sich vernehmen ließ, aussparen und vermeiden sollte. Dies ist kein Stoff, sagte er, und kein Thema. Soweit mein Cronenberger.

Ich bitte meinen lieben Leser, sich auf diese Geschichte selbst einen Reim zu machen.

Entehrung

Nachdem ich wiederholt, auch von Mitgliedern des von mir geleiteten Litterarischen Vereins, deren Urteil ich im Verlaufe der Zeit schätzen lernte, auch wenn es nicht immer mit meinem eigenen, namentlich in Fragen der Kunst und des bürgerlichen Geschmacks, konvenierte, über die Aufführung des Bühnenstückes „Wildwechsel" des bayerischen Dichters Franz Xaver Kroetz vielerlei gehört hatte, machte ich mich Dienstag, den 12. dieses Monats, auf, um mir durch Besuch und persönlichen Augenschein nunmehr ein selbständiges, auf eigener Anschauung beruhendes und stichhaltiges Urteil über das Werk sowohl als auch dessen Publikum zu verschaffen. Zwar waren die angezogenen Urteile meiner Freunde aus dem Litterarischen Verein so überaus abfällig und ablehnend, ja eigentlich schon abschreckend, daß sie weniger zu einem Besuch des Stückes einluden als in ähnlichen Fällen, wo heftige Ablehnung einer künstlerischen Leistung gleichwohl zu ihrem Kennenlernen lockt, und sei es nur, um in der leidenschaftlich geführten kontroversen Diskussion Partei ergreifen und am allgemeinen aktuellen literarischen Gespräch teilnehmen zu können, doch beschloß ich dennoch und unter Hintansetzung aller vernünftigen Gegengründe, mich dem Besuch des Stückes, und sei es als einer Tortur, wie ich nach allem Wegwerfenden der Urteile meiner Freunde meinen mußte, zu unterziehen. Was ich freilich, sehr verehrter Herr Stadtrat für Kultur, an jenem Abend in punkto Stück und Publikum erleben mußte, übertraf meine schlimmsten Erwartungen und Befürchtungen bei weitem, und ich möchte nicht unterlassen, Ihnen als dem bestellten Sachwalter der kulturellen Belange und Ihrem vorgesetzten Bürgermeister als dem gewählten Repräsentanten unserer Stadt unumwunden und mit aller gebotenen Deutlichkeit zu sagen, daß es sich bei diesem Kasus um ein nicht zu überbietendes Skandalon handelt und, da das Stück in dieser Weise zur Aufführung gelangt ist, um eine Schande für unser städtisches Gemeinwesen. Das Stück sowohl als auch die Aufführung der nahezu durchwegs jugendlichen Zuseher pervertiert unser Theater, das doch, um einen Großen des deutschen Geisteslebens zu berufen, eine moralische Anstalt zu sein sich bemühen müßte, zu einer unmoralischen selben, ja zu einer Lasterhöhle und einem wahren Ort der Greuel, wo das Gemeine und Niederträchtige glorifiziert und in zynischer Weise der rohen Brutalität das Wort geredet wird. Ein Stück wie dieses vermag kein Mensch gereinigt zu verlassen, wie es dem alten, von den Griechen als Erbe empfangenen und übernommenen Plane der Katharsis, der Läuterung und Reinigung der Leidenschaften, welche das Thema meiner 1922 an der Prager Karlsuniversität angefertigten und summa cum laude approbierten Dissertation zur Erlangung der Würde eines Doktors der Philosophie abgegeben, wohl entsprechen sollte, es sei denn, verzeihen Sie mir, sehr geehrter Herr Stadtrat, den aus Überdruß geborenen Scherz, man möchte das Entleeren des aus Ekel und Übelkeit revolvierenden Magens, das ich nur mit beträchtlicher physischer Anstrengung zu verhindern wußte, als solche verstehen und gelten lassen. Durch ein Stück wie das genannte wird der Zuschauer nicht gehoben, sondern im Gegenteil gedrückt und in seinen schlimmsten Instinkten bestätigt und gestärkt. Ich verhehle freilich auch nicht, daß ich bezüglich der moralischen Möglichkeit, das Niveau des Publikums nicht zu heben, sondern im Gegenteil hinunterzudrücken, bei der absoluten Tiefe desselben,

wie ich es vorfand, in diesem Falle nicht pessi-
mistisch sein kann.

Da ich leider annehmen muß, daß niemand von
den zuständigen Herren des Magistrates, Sie,
sehr geehrter Herr Stadtrat, leider eingeschlos-
sen, das Stück gesehen hat, wie anders sollte ich
mir erklären, daß es nicht unverzüglich vom
Spielplan unseres Stadttheaters entfernt und be-
seitigt worden ist, möchte ich Ihnen in diesem
Offenen Brief, der zugleich allen in Kultus und
Volksbildung Verantwortung Tragenden sowie
den Redaktionen der Zeitungen zugeht, vom
Stück und vor allem vom Publikum, das dasselbe
attrahiert und anzieht, Bericht tun. Lassen Sie
mich bei letzterem beginnen. Nicht nur die Mit-
glieder des von mir geleiteten Litterarischen Vereins, sondern wohl alle rechtlich und gemäß
Herkommen und Anstand vernünftig empfin-
denden Menschen gehen davon aus, daß sich
in der äußeren Sitte die innere Sittlichkeit zur
Erscheinung bringt. Hierin ankern denn auch die
Mode sowie die gebräuchliche Umgangsform
der gehobenen Schichten. Das sind selbstverständlich nicht nur Fragen der Kosten und der
Kostbarkeit. Natürlich weiß ich, daß es gerade
auch die Tugend im Gewande der Armut und

94

Bescheidenheit gibt, wie ich anders herum natürlich auch schon manchen Schurken in Frack und Zylinder einhergehen gesehen habe. Bei meinen 75 Jahren sind mir diese Erfahrungen, die im ersten Fall, der Tugend in Armut, ein beglückendes Gefühl und im zweiten, der herausgeputzten Hohlheit und Schlechtigkeit, eine schlimme Deprimation bedeuten, nicht fremd. Aber nun, die eigentümliche Desolatheit der Kleidung der jungen Burschen und Mädchen, die den verwichenen Dienstag das Schauspiel „Wildwechsel" von Franz Xaver Kroetz besuchten, war nicht von der beschriebenen ersten Art. In jenem Abstand, den dieselbe von jeder geschmackvollen und schicklichen Kleidung aufwies, lag ein gemeiner und häßlicher Protest gegen jeden bürgerlichen Brauch. Dabei stellte ich fest, daß selbst das Alter und die Verschlissenheit der zur Schau gestellten, will sagen getragenen Kleider, keine natürlichen und ursprünglichen und nicht der Ausdruck des sich in ihnen sinnfällig darstellenden allgemeinen Schicksals alles Irdischen, sondern hergestellt und künstlich erzeugt gewesen. So trugen Jungen und Mädchen gleicherweise diese eigentümlichen blauleinenen Hosen, die schon außerhalb des Theaters keinen gerade vorteilhaften Eindruck erzeugen. Die Hosenböden betreffend, sah man an nicht wenigen derselben weder farblich noch auch dimensional mit der stofflichen Umgebung harmonierende, sondern dieser geradezu zuwiderlaufende und ihr ins Gesicht schlagende Flicken und Versatzstücke. Von diesen wiederum waren nicht wenige von sehr unvollkommener Haftung, lösten sich vom Hintergrund und ragten in den Raum, sofern die Inhaber dieser Hosenböden nicht gerade eben auf denselben saßen. Alles in allem, ein grauenhafter Anblick, Herr Stadtrat, an diesem Ort! Erwähnung muß noch finden, daß die Taschen, von denen es an diesen seltsamen Beinkleidern sehr viele gibt, nicht dem Herkommen des Schneiderhandwerkes nach mit Nadel und Zwirn befestigt, sondern nach Schmiedeart mit Nietnägeln angeheftet waren. Dort, wo eine anständige Hose gestülpt ist, sah ich nicht nur keine Stulpen, sondern statt der fehlenden Stulpe auch noch Fransen. Falten gab es an diesen Hosen genug, aber keine, die man mit Anstand und zutreffend als Bügelfalte hätte ansprechen können. In summa machten die Kleider, namentlich die Hosen der jungen Leute, fürwahr nicht den Eindruck, als ob sie für ein festliches Theaterereignis entworfen und verfertigt seien, eher für eine Arbeit wie etwa das Zureiten wilder Pferde in den amerikanischen Ländern. Ich erspare mir und Ihnen weitere Einzelheiten über das abgerissene Schuhwerk und die ins Gesamtbild sich stimmig einfügenden ledernen Jacken und Pullunder und Pullover sowie den läppischen Schmuck und Tand und Flitter, die an den Jugendlichen hingen und sie über jedes erträgliche Maß hinaus entstellten.

Aber nun zum Stück. Es ist dasselbe ein rechter Abgrund an Lüsternheit und Begehrlichkeit. Das betrifft zuvor das Verhältnis zwischen den Geschlechtern, die sich nicht mit der geforderten Zucht begegnen, sondern jedes sittliche Gebot vernachlässigen und ungeniert und schamlos dem Tier im Menschen huldigen, welche Huldigung sich gleich in zwei Generationen zuträgt. Das Verhältnis der Kinder zu den Eltern ist sicherlich nicht von Gottes Gebot gekennzeichnet: Du sollst Vater und Mutter ehren, auf daß du lange lebest und es dir wohl ergehe auf Erden. So wird der Herr Vater zu Ende des Stückes das Opfer eines niederträchtigen Mordanschlages mit Hilfe einer Flinte, deren Abzug ein feiner Herr

Schwieger und, Sie werden es nicht glauben können, Herr Stadtrat, wie auch ich meinen Augen nicht traute, als ich dies mitansehen mußte, zuletzt die Tochter, eigenes Fleisch und Blut, betätigt. Sein Tod ist ein unerhört animalischer und martialischer.

Wenn ein Dramatiker vormals eine blutige Schlacht oder ein anderes, entweder schwer wiederzugebendes, weil übergroßes, oder auch allzuheikles Geschehen, das die Schamhaftigkeit der Zuseher beleidigen könnte, darzustellen hatte, bediente er sich der sogenannten Teichoskopie oder zu deutsch Mauerschau, die meinem Freund Dr. Karl Zärtner das Thema für seine 1924 an der Prager Karlsuniversität magna cum laude approbierte Dissertation „Teichoskopie, Aufgabe und Funktion" gebildet hatte. Ich möchte Herrn Franz Xaver Kroetz dringend die Lektüre dieser gediegenen Arbeit empfehlen! Seinen Brutalitäten im sexuellen Bereich, seinen Kopulationsszenen, aber auch der unerhörten Blutrünstigkeit der Mordszene wäre durch Anwendung der Teichoskopie und Einführung eines epischen Berichterstatters, der das angezogene Geschehen im illusionären Anspruch des Stückes im nichtsichtbaren Teil der Bühne beobachtet und darüber an der Rampe dem Publikum in sorgfältig gewählten Worten Kunde gibt, wohl die Spitze zu nehmen. Natürlich muß ein solcher Teichoskop frei vom Odium des Voyeurismus gestaltet werden, damit keine neuen Schlüpfrigkeiten entstehen und man dergestalt dramaturgisch vom Regen in die Traufe gerät. Bei Zärtner wäre dies zu studieren. Ist nun aber ein Stück wie das in Frage stehende einmal verfaßt und bleibt der Autor hartnäckig bei seiner schonungslosen Schaustellung, so wäre es gleichwohl Aufgabe eines dramatisch versierten Zensors oder Regisseurs und Spielleiters schon im Interesse der Reinerhaltung unserer Jugend und um jede sittliche Gefährdung derselben zu vermeiden, die gewagtesten Szenen im Sinne der Teichoskopie oder Mauerschau abzumildern. Denn die Wirkung der erwähnten Szenen, namentlich des überdeutlich vorgeführten Aktes, auf das Gemüt der anwesenden Jugendlichen war, wie ich mich leider überzeugen mußte, eine katastrophale. Es herrschte eine bereits physisch erfahrbare, drückend über dem Publikum lastende Schwüle. Hatten die jungen Zuseher vordem sehr schnell und lebhaft an ihrem Kaugummi gekaut, so verlangsamte sich mit einem Mal die Geschwindigkeit ihrer Kaubewegungen um ein beträchtliches, ihre Augen weiteten sich. Und was sich unterhalb der Lehnen und namentlich in den blauleinenen Hosen der jungen Burschen zutrug, läßt sich unschwer vorstellen, ich stelle das der Phantasie des Herrn Stadtrats und seiner vorgesetzten Behörde, die diese Aufführung zugelassen und abgesegnet hat, anheim.

Sehr geehrter Herr Stadtrat, um diesem meinem offenen Protest Nachdruck zu verleihen und Sie und die Öffentlichkeit von meiner Erschütterung über das Vorgefallene zu überzeugen, reiche ich hiermit den Ehrenring, der mir seinerzeit für Verdienste um den Litterarischen Verein und die Kultur in unserer Stadt verliehen wurde, an den hohen Magistrat zurück.

Der Heldentenor

In der Oper darf nur E-Musik gespielt und gesungen werden. Pfeift ein Bühnenarbeiter einmal ein wenig U-Musik und einen Gassenhauer, wird er deshalb nicht gleich auf die Straße gesetzt. Auch das hohe Haus braucht deshalb nicht gleich wie eine geschändete Kirche neu eingeweiht zu werden.

Das Personal verliert leider durch den täglichen Umgang und durch die Routine bald jeden heiligen Schauer und jeden Respekt vor geweihten Stätten. Ich habe alte Mesner in Sakristeien schon ungeniert und lauthals furzen gehört. Malergesellen bei Kirchenrenovierungen habe ich statt der Namen der Heiligen die Bezeichnungen von Exkrementen und Fäkalien hersagen gehört, dicht neben dem Hochaltar, nicht etwa nur bei den Seitenaltären. Ein Hilfsarbeiter sitzt auf dem Speisgitter und raucht, aber weder Weihrauch noch Myrrhe, sondern Austria 3. Zwei Zureicher streiten ums Getränk, und der eine sagt, allerdings ohne blasphemische Absicht: Das ist mein Bier!

Aber ich möchte jetzt endlich einmal ein Lied von der Oper singen, und zwar im U-Ton, bitte mich aber trotzdem E zu nehmen. Ich möchte der Frau Oper ein wenig hinter die Kulissen schauen.

Theatralisch, trotz allem, geht es auch bei den Bühnenarbeitern zu. Die Bühnenarbeiter wissen, was ihnen das Haus schuldig ist. Zwei bringen einen Tisch aus dem Fundus auf die Bühne, der so klein ist, daß einer ihn kaum anfassen kann, und sie gehen nicht, sondern schreiten gemessenen Schrittes. Das ist die Gangart, die die Gewerkschaft vorschreibt, sagen sie. Die Gewerkschaft ist gegen eine schnellere Arbeiterbewegung. Hier kann studiert werden, daß auch die manuelle Arbeit nicht notwendig den Verlust der menschlichen Würde bei dem, der sie ausführt, nach sich ziehen muß. Jede Arbeit hat in den Opernhäusern den Glanz und Adel der Uneigentlichkeit. Alles ist l'art pour l'art. Auch das Aufbauen einer Kulisse.

Mit anderen Worten, sagt ein radikaler Kritiker des Theaters, das alles ist eine gigantische und groteske Sinnlosigkeit, dieses ewige Auf- und Abbauen. Das Theater ist ein lächerlicher Anachronismus, und weil sich diejenigen, die sich dafür interessieren, ihren Spaß vom Staat zahlen lassen, ein sozialer und politischer Unfug. Ach Gott, urteilt dieser Mensch aber hart und streng.

Alteingesessene Familien abonnieren die Oper seit Generationen. Für sie ist ein Streik der Bühnenarbeiter der Beginn der Weltrevolution. Einige sehen die Kultur gefährdet. Einer kommt zur Oper und sieht, daß Fidelio (trotz des lustigen Namens übrigens eine E-Oper) entfällt. Mit Trauer und Schmerz wird ihm bewußt, daß heute abend die Bühnenarbeiter wieder einmal die Hände in den Schoß legen und an den kulturellen Grundfesten des Abendlandes rütteln.

Der scharfe Kritiker aber meint, daß eine der schwierigsten und größten kulturellen Aufgaben der Zukunft darin bestehe, diese sogenannte Kultur abzuschaffen. Darauf sollten die Kunst- und Kulturschaffenden endlich ihr Interesse richten. Er spricht von der konstruktiven Destruktion. Ich halte das für eine sehr destruktive Konstruktion.

Folgen Sie mir bitte nun von den Subalternen zu den Alternen. Ich höre hinter der Bühne schon die ganze Zeit her einen, der sich einsingt. Das wird sicher der Heldentenor sein.

Der Heldentenor entpuppt sich aber als sein Korrepetitor, der ihm ein wenig behilflich ist. Was haben doch die Sänger Anschaffer und Aufseher neben und über sich, Direktoren und Intendanten und Regisseure und Assistenten. Braucht der ausübende Künstler soviel Anleitung und Leitung und Führung beim Ausüben? fragte ich einen der zuständigen Herren. Und der Zuständige erzählte mir, daß es von Schauspielern und Sängern auch schon anders versucht worden sei, antiautoritär, kooperativ, demokratisch. Aber so würde aus jedem Fiesko ein Fiasko. Sie können singen und spielen, sagte der Zuständige, aber unter uns gesagt, sagte er, sie wissen nicht, was sie tun. Und darum muß ihnen ein anderer sagen, was sie tun und tun müssen. Dann singen und spielen sie sehr brav.

Der Sänger- und Schauspielerberuf hat schon viel von seinem Nimbus verloren, oder bilde ich mir das nur ein? Jedenfalls sind die Zeiten vorbei, in denen eine Primadonna auch privat nur kolorierte und die Primaballerina auf Zehenspitzen ins Klosett stolzierte. Das kann ich wohl guten Gewissens behaupten. Die Tenöre legen im Freibad heute ihre Schals ab. Man erkennt sie nur noch am Sprechen. Sie sprechen sehr gepflegt. Sie haben Kultur, Sprechkultur. Das bezieht sich vor allem auf die Form, wenn ich bitte den scholastischen Dualismus und die bekannte Dichotomie von Inhalt und Form hier ins Spiel bringen darf.

Früher hatte eine Primadonna nervös und indisponiert zu sein. Sie mußte ihre Umgebung schikanieren, tyrannisieren und hysterisieren, das gehörte zu ihrem Erscheinungsbild. Jeder hielt sie für nervös und indisponiert, wenn sie sich anders verhielt. Die Indisponiertheit war somit konstitutiv und gehörte zu ihrer Disposition. Sie besaß ein unendlich feines Gespür für Zugluft, daher das ständige Türenzuknallen, daß die Kulissen wackelten. War die Primadonna auf Touren und oben, so brachte sie wie beim Kolorieren so schnell keiner mehr herunter. Oft mußte der Direktor geholt werden. Sie hat schon wieder den Scheidenkrampf im Gesicht, sagte ein ordinärer Dekorateur, der für die eigentliche Kunst wenig Verständnis hatte.

Viel ist es nicht, was ein Opernsänger an Schauspielkunst beherrschen muß, aber ein wenig doch. Die Bewegungen müssen ja alle im Zeitlupentempo ausgeführt werden, damit

Gesang und Aktion simultan sind. Vor allem Wagner macht es den Sängern sehr schwer, synchron zu bleiben. Tristan und Isolde kommen völlig zum Stillstand. Mancher Sänger beneidet in dieser Situation die Orchestermusiker, sie haben immer ein wenig Bewegung. Der Geiger kann die Arme ausschütteln, und der Herr am Kontrabaß kann sich die Beine ein wenig vertreten, vom Dirigenten ganz zu schweigen. Manche Oper dauert aber auch zu lange, hier sollte die Gewerkschaft ein generelles Limit setzen. Was länger als drei Stunden dauert, kann man nicht mehr als Oper, sondern nur noch als Zumutung bezeichnen.

Und im Sommer die Festspiele in A und B und C. Dies sind Exzesse und Kunst-Orgien. Ein total übersättigter Journalist meint, man sollte Beethoven, Mozart und Wagner jetzt endlich einmal eine Schonzeit von ungefähr 10 Jahren gönnen. Ein anderer vermerkt maliziös, daß die Kunst bei den Festspielen doch nur ein Vorwand und ein Alibi sei. Es gibt kein Treffen der internationalen Homophilie, schreibt er, bei dem so viel musiziert wird wie bei den Festspielen in X.

Wie unnatürlich ist doch die gesamte Theaterwelt, erlaube ich mir zu seufzen. Nichts wie Korsette und Kothurne, Schnürleib und Schnürboden, denaturiertes, gegängeltes Sprechen und Singen, Schein auf, vor und hinter der Bühne. Als im Krieg unsere Oper bombardiert wurde, sagt ein der hohen Kunst nicht gerade zugetaner Wiener, da hatte ich den Eindruck, daß jetzt das erste Mal ein wenig natürliches Leben in diese Mauern gekommen ist. Damals, sagt der zynische Kritiker, den ich am Anfang zitiert habe, hat Österreich eine große kulturelle Chance verspielt, als es seine zerstörten Bundestheater wiedererrichtete.

Ein Fürsprecher der theatralischen Kunst verweist uns unsere Schwarzmalerei. Er bringt als Argument für seine Ansicht, daß die Theater längst nicht mehr ein elfenbeinerner Turm und ein Wolkenkuckucksheim seien, das politische Engagement vieler Bühnenkünstler daher. Sie meinen dieses Aufrufeunterschreiben? frage ich. Ja, sagt er. Aber kann denn da nicht ein Opportunismus dahinterstecken, vielleicht gibt mancher öffentlich seine Stimme ab, wenn seine Stimme heimlich bereits nachgibt. Es haben schon viele auf dem moralischen Wege versucht, was ihnen auf dem ästhetischen nicht mehr möglich war. Ein Künstler, sage ich, der es mit der Kunst und ihrer anarchischen Freiheit ernst meint, kann nichts unterschreiben. Politisch Lied, garstig Lied.

Wes Brot ich eß', des Lied ich sing', sagt der Sänger. Schlecht gebrüllt, Löwe! Natürlich, nicht jeder Heldentenor ist ein Held. Mancher ist kaum ein Tenor.

Der Dirigent und die Dirigentin

Japan war für mich ein unvergeßliches Erlebnis! Tokio, die größte Stadt der Welt, über 13 Millionen Einwohner, tagsüber noch mehr, ein asiatisches Gewimmel, 13 Millionen Einwohner, und 11 Tausend davon faßt die Kaiserliche Tonhalle! Ein gewaltiger Raum, gigantisch in seinen Dimensionen, aber von erlesener Schönheit und von einer solchen akustischen Güte, daß der allerkleinste Japaner auf seinem Notsitz in der hinterletzten Reihe noch das zarteste Pianissimo der Harfe versteht und mitbekommt. Die Japaner sind sehr, sehr leise, unendlich leise. Das kommt der Akustik noch entgegen. Fußscharren oder Räuspern und Schneuzen, wie wir es aus unseren europäischen Konzertsälen kennen, ist den Japanern gänzlich unbekannt. Japan hört! Japan kann zuhören! Liegt diese atemberaubende Leisheit nur an der Kleinwüchsigkeit der Japaner? Der Japaner geht mir durchschnittlich nur bis zur Schulter. Aber an der Statur kann es nicht ausschließlich liegen. Es gibt bei uns genügend körperlich zierliche Menschen, die einen höllischen Lärm machen. Unvergleichlich wie die japanische Ruhe ist aber auch die Musikbegeisterung im Land der aufgehenden Sonne. Der Beifall nach unseren Konzerten in Osaka, Tokio, Niigata, Akita und Aomori stellt jeden Applaus, selbst den amerikanischen, weit in den Tonschatten. Japan ist forte, fortissimo. Hier wirkt sich natürlich auch die asiatische Überbevölkerung positiv aus. Es ist ein Unterschied, ob ein paar hundert Europäer, und seien es Italiener oder sonst welche feurigen Südländer, bravo oder bravissimo rufen, oder ob 11 Tausend Japaner oko oder iko brüllen, oder was sie brüllen, zu verstehen sind sie ja nicht. Die Japaner verstehen unsere Musik, aber wir verstehen ihre Sprache nicht. Und noch eines, die Konzertsäle sind voll von jungen Menschen, lauter gut gekleidete, ordentlich frisierte, freundliche, kleine, junge Japaner. Man kann den Ostasiaten freilich, was sein Alter betrifft, schwer schätzen, aber an der Jugend unseres Publikums in Japan habe ich keinen Zweifel.

Zurück zum Applaus, diesem asiatischen Applaus, der mir noch heute in den Ohren klingt. In unseren europäischen Häusern weht ein lindes Lüftchen, in den japanischen tobt ein Sturm, ein Orkan, ein Taifun.

22 mal mußte ich nach unserem Konzert in der

Kaiserlichen Tonhalle von Tokio vor meine Philharmoniker treten und mich verbeugen. Und als Zugabe mußten wir auch in anderen Städten nicht selten die halbe Wiener Klassik herunterspielen. In Tokio waren die Leute nicht mehr zu halten! Kaiser Hirohito war persönlich anwesend, und auch er schien in seiner Loge überwältigt. Ich sah, während ich mich immer wieder verbeugte, daß auch er sich ständig zu mir her verneigte, ein eigenartiges und ungewohntes Gefühl selbst für mich. Noch nie hatte sich vorher in meinem langen Dirigentenleben ein japanischer Kaiser vor mir verneigt. Beim anschließenden Empfang küßte mir eine kleine japanische Prinzessin sogar die Hand! Andere Länder, andere Unsitten, habe ich später auf meine humorvolle Art im Hotel zu meiner Gattin gesagt.

Der Empfang war übrigens ein Kapitel für sich, auch er ein einmaliges Erlebnis in seiner Art. Ich wurde mit Geschenken überhäuft, Geschenke über Geschenke, asiatisch, asiatisch! Geschirr und Besteck so viel, daß ich mit meiner Frau heute ein japanisches Restaurant aufmachen könnte! Aber auch größere Objekte, unter anderem ein Yamaha Motorrad für meinen Sohn, und ich weiß nicht, was noch alles! Heute für mich unvergeßlich, aber damals ein wenig unverständlich, das Geschenk des japanischen Herrscherhauses selbst! Der Tenno ließ mir von seinem Beiläufel eine Kuckucksuhr überreichen! Die Asiaten sind manchmal unberechenbar. Stellen Sie sich vor, eine Kuckucksuhr, made in Japan! Mit allem hatte ich gerechnet, aber mit einer Kuckucksuhr, made in Japan, nicht, das muß ich zugeben. Ich war verdutzt. Einer geschenkten Kuckucksuhr schaut man nicht ins Maul, sagte ich später in der humorvollen Art, die mir eigen ist, zu meiner Gattin, der ich alles verdanke, was ich in meinem Dirigentenleben bisher erreicht habe. Ich kam über diese Kuckucksuhr nicht so schnell hinweg, das muß auch der Tenno an meiner Miene gemerkt haben. Er sagte darauf wie zur Erklärung, die Kuckucksuhr sei ein beredtes Zeichen für die große Hochachtung aller Japaner einschließlich ihres Kaisers vor Österreich und seiner wunderbaren Musikkultur. Dann verbeugte er sich wieder sehr tief, und auch ich verneigte mich, soweit es die Kuckucksuhr in meiner Linken erlaubte. Anschließend verteilte der österreichische Botschafter in Japan noch an alle Japaner, soweit sie anwesend waren, Mozartkugeln, das obligate Geschenk des österreichischen diplomatischen Außendienstes bei solchen Anlässen. Es war ergreifend und rührend, wie diese vielen kleinen Japaner mit einer unnachahmlichen asiatischen Artigkeit die kleinen Mozartkugeln in Empfang nahmen! Es war, als würde an eine Schar frommer Novizen die heilige Kommunion ausgeteilt. Ich werde das nie vergessen. Immer nur Lächeln! Ich habe ähnliche Szenen in aller Welt bei Empfängen der österreichischen Botschaften und Kulturinstitute erlebt, aber nirgends so wie im Land der aufgehenden Sonne. Natürlich kommt uns Europäern einiges in Fernost sehr fern und östlich vor, aber gerade wir Deutschen und Österreicher haben nach allem, was durch uns in der jüngeren Vergangenheit geschehen ist, wirklich keinen Grund, auf diese kleinen Menschen in Ostasien herabzublicken, wir am allerwenigsten. Wir haben heute Gott sei Dank zu einem guten und menschlich würdigen Verhältnis zu diesen vielen kleinen Menschen außerhalb unseres Gesichts- und Kulturkreises zurückgefunden. Sind doch nette und liebe Leute, sage ich oft in meiner leutseligen Art zu meiner Gattin, der ich alles verdanke, was ich in meinem

Dirigentendasein erreicht habe und geworden bin. Davon einmal ganz abgesehen, daß Japan einen praktisch unerschöpflichen Markt bedeutet, gerade auch, was das musikalische Produkt betrifft. Wir Musiker sind Botschafter der Musik und des Friedens. Wir machen im Fernen Osten Musik, und die Japaner hören uns zu, das ist unsere Politik, wenn Sie so wollen. Oh, ich schwärme für das japanische Publikum!

Ich betrachte es als eine Gnade Gottes und als ein Geschenk meiner lieben Frau, daß ich immer wieder in der ganzen Welt Menschen antreffe, die ich mit meiner Musik erfreuen und begeistern darf. Und ich habe überall auf dem Erdball begeisterte Zuhörer angetroffen, aber ich stehe nicht an zu bekennen, daß der Japaner meinem Dirigentenherzen am nächsten steht, als Zuhörer, als Publikum. Ich liebe diese leisen Leute, Menschen, die mit unendlicher und unerschöpflicher Geduld zuhören können, die begeisterungsfähig sind und mit Applaus nicht geizen. Die Asiaten, die Japaner ausgenommen, wie auch die Menschen in Südamerika sind arm, sie sind mit materiellen Gütern oft weiß Gott nicht gesegnet, aber sie lieben die Musik, sie lieben sie inbrünstig. Und ein Mensch, der die Musik liebt, ist eigentlich nicht arm, er ist innerlich reich! Und sei er nach außen hin ärmer als eine Kirchenmaus. Diese Menschen mögen hungrig sein, aber sie sind auch hungrig nach unserer österreichischen Musik, und sie haben, wenn Sie mir diese pointierte Ausdrucksweise erlauben, einen nicht zu stillenden Appetit auf unsere österreichischen Orchester und Interpreten. Sie sitzen in ihren Slums und Elendsquartieren und warten auf den großen österreichischen Dirigenten und auf unsere großartige österreichische Musik. Es klingt unglaublich, aber ich habe es tausendfach erfahren, ich weiß, wovon ich spreche! Sobald sie Musik hören, leben diese Menschen, die oft nicht das Nötigste zum Leben haben, auf. Jetzt vergessen sie ihren Magen und sind ganz Ohr. Die Menschen in Europa und Amerika sind dagegen übersättigt. Ihnen ist das Beste nicht gut genug. Musik und Religion sind die beiden Pfeiler, die diese Menschen stützen und aufrecht halten, ohne sie würden sie zusammenbrechen und ihr Dasein nicht ertragen können.

Und vergessen wir eines nicht. So arm sie vielleicht sein mögen, sie bleiben nichts schuldig, in keiner Hinsicht. Sie wissen sehr wohl, daß gute Musik ihren Preis hat. Der Yen zählt heute sowieso zu den härtesten Währungen der Welt, übertroffen an Härte höchstens von der deutschen Mark und dem amerikanischen Dollar, das nur ganz nebenbei. Die fernöstlichen Agenturen bieten einem Dirigenten von meinem Rang Honorare, daß sich Bayreuth und Salzburg ein Beispiel nehmen könnten, asiatisch, asiatisch! Aber ich spreche nicht gern von Geld und finanziellen Dingen, schon gar nicht im Zusammenhang mit Asien oder Südamerika. Über Geld spricht man nicht, das war zeit meines Dirigentenlebens mein Grundsatz. Und da muß ich wieder meine Gattin erwähnen, die mir alle organisatorischen und finanziellen Verhandlungen abnimmt. Ohne sie wäre ich heute nicht der, der ich bin und als den mich die Welt kennt. Du bist mein Finanzminister, sage ich manchmal im Scherz zu meiner Frau. Oder ich sage auch, ich bin der Dirigent und du bist die Dirigentin. Du bist die Chefdirigentin, sage ich. Ich habe es leicht, ich brauche nur den Musikern den Einsatz zu geben. Meine Frau aber dirigiert mich, mit Liebe und bedächtig. Meine Frau ist ein herzensguter Mensch, sie ist der herzensbeste Mensch, den Sie sich nur vorstellen können. Aber wenn sie verhandelt, wenn sie mit den

Veranstaltern Termine und Honorare aus-
handelt, kann sie sehr streng und hart sein. Hart
ist vielleicht ein wenig zu hart. Aber energisch
schon, doch, energisch schon. Du würdest ja
alles verschenken, sagt sie manchmal zu mir.
Auch eine Asientournee kann nicht nur aus
Benefizkonzerten bestehen, sagt meine Frau.

Der Präsident

Während einer Promotion sub auspiciis praesidentis rei publicae, und zwar während der Ansprache des Bundespräsidenten ist einem älteren Herrn in der ersten Reihe plötzlich schlecht geworden. Der ältere Herr, dem während einer Ehrenpromotion sub auspiciis praesidentis rei publicae, und zwar während der Ansprache des Präsidenten der öffentlichen Sache *(res publica, wörtlich übersetzt, übertragen: der Staat)* plötzlich schlecht wurde, war der eben resignierte Präsident der Akademie der Wissenschaften und Schönen Künste, Professor emeritus der Deutschen Philologie, doppelter Doktor, der Philosophie und Jurisprudenz, Ehrendoktor verschiedener in- und ausländischer Universitäten, Träger des Ehrenringes der Alma Mater Rudolphina, Träger des Großen Goldenen Verdienstkreuzes der Republik am Langen Band, Ehrenbürger seiner Heimatstadt Scheibbs, Senator des Notringes der Wissenschaft, Honorarius der Studentenverbindung Austria Inferior *(Niederösterreich)*, Inhaber der Ehrenplakette des Wissenschaftsbundes, Mitglied des griechisch-römischen Anastasiusordens, sowie Träger, Inhaber, Mitglied etc. vieler anderer Auszeichnungen, Orden, Verbände und Vereinigungen. Plötzlich wurde ihm schlecht, in seiner Eigenschaft als Mensch. Er wurde bleich, neigte sich zur Seite und lehnte zuletzt seinem Sitznachbarn, einem ebenfalls hochdekorierten Mitglied des Professorenkollegiums, an der Schulter. Er wurde daraufhin von zwei Kollegen gestützt, untergehakt und aus dem Saal geleitet. Im Auditorium entstand eine leichte Unruhe, Hälse wurden gereckt, weil deren Besitzer unbedingt sehen wollten, was hier außerhalb des Protokolls Interessantes vorging, auch der Herr Bundespräsident war einen Augenblick lang irritiert, stockte ein wenig, um aber dann umso flüssiger weiterzusprechen und in seinem Redefluß fortzufahren. Die beiden Kollegen brachten den Unpäßlichen ins Freie, führten ihn den Gang hinauf und die Stiege hinunter und durch das große Tor hinaus in die frische Luft des Ehrenhofes. Hier nun setzten sie ihn wegen des Fehlens einer Bank auf eine umgedreht abgestellte Scheibtruhe *(österr. für Schubkarren, für meine deutschen Leser)* einer Baustelle der Bauunternehmung Karl Orthofer und Sohn, Hoch-, Tief- und Straßenbau, die dort tagsüber damit beschäftigt war, den schadhaften Verputz der Arkaden der Ehrengalerie zu erneuern.

Zwischenbemerkung an den Leser: Natürlich häufen sich mittlerweile die Unwahrscheinlichkeiten und Anspielungen und Mehrdeutigkeiten. Es kommt ein wenig dicht, Herr Dichter, höre ich mir den kritischen Leser zurufen. Deine Geschichte hat nicht das Leben geschrieben, es fehlt ihr bedauerlicherweise sehr an Realismus, den wir heute so nötig haben. Und doch darf ich den kritischen Leser bitten, mir an dieser zugegebenermaßen ästhetisch nicht unheiklen Stelle nicht die Gefolgschaft zu versagen, und ihm zugleich einen sehr ansprechenden, weil völlig beiläufigen und nichtssagenden Schluß meiner Geschichte in Aussicht stellen. Vergessen Sie einfach das Ärgernis der unstimmigen Zeit, solche Ehrenpromotionen finden ja nicht am Abend statt, und das mit dem Verputz der Fassade und was Sie sonst noch stören mag. Bitte festhalten, ich fahre fort, ohne Rücksicht auf die Dezimierung meiner Leserschaft:

Da saß er also nun, der Alterspräsident der Akademie der Wissenschaften und Schönen Künste, der Träger, das Mitglied, der Inhaber usw. aller dieser Verbände und Körperschaften etc. *(siehe oben, ich will das alles nicht noch einmal wiederholen)* im Angesicht der Büsten der Ehrendoktoren und Ehrenmitglieder der Universität, dieser erlauchten Auswahl hervorragender und ausgezeichneter Männer *(nur* Männer) des österreichischen Geisteslebens, auf einer Scheibtruhe der Firma Karl Orthofer und Sohn, Hoch-, Tief- und Straßenbau. Der Herr Professor der Deutschen Philologie und Literaturwissenschaft wirkte in diesem Zustand wie ein Motiv: Ecce homo, ecce Professor Anton Leidinger. *(Der Name ist mir so herausgerutscht, den hätte ich mir vielleicht sparen können, aber es soll ja nun eine starke Geschichte werden.)* An der Aufstellung und feierlichen Enthüllung einiger dieser Büsten des Ehrenhofes hatte der Unpäßliche seinerzeit, sei es als Rektor, Prorektor, Dekan, Prodekan, Akademiepräsident etc. selbst teilgenommen und mitgewirkt. Einige, deren Büsten hier nicht aufgestellt (oder *ab*gestellt) waren, hatten es ihm zu verdanken, daß sie hier nicht auf- oder abgestellt waren. Nicht wenigen hatte er, namentlich in seiner Funktion als zeitweiliger Vorstand der Honorarkommission *(einer Art akademischer Rota der Heilig-*

sprechung) die Ehre der Ehrengalerie verweigert, einigen der anwesenden Marmor-, Basalt- und Sandsteingrößen *(das Material spielt übrigens eine Rolle und zeigt dem Kundigen die Höhe der Wertschätzung durch die Gremien der Universität an)* hatte er sie nicht verweigern können, sie waren gegen seinen Willen hier aufgestellt worden. Gegen einen, einen Geographen übrigens, hatte er so schwerwiegende Bedenken, Bedenken weniger geographischer als weltanschaulicher Natur, daß er sich gezwungen sah, ein Sondervotum im Protokoll zu deponieren, zu seinem Leidwesen. Diejenigen, die er seinerzeit hier nicht gern gesehen hat, sahen ihn in diesem Augenblick, wie er so blaß und zusammengekauert auf der Scheibtruhe der Baufirma Karl Orthofer und Sohn saß, besonders mitleidlos an, fast hämisch. Jedenfalls kam es Professor Leidinger so vor, was psychologisch durchaus verständlich ist.

Und jetzt der versprochene Schluß, unerwartet undramatisch, realistisch: Anton Leidinger, dem während einer Ehrenpromotion sub auspiciis praesidentis rei publicae *(das erwähne ich jetzt, um den Bogen zum Anfang der Geschichte zurückzuspannen, ein bekannter feuilletonisti-*

scher Trick, den ich mir nicht versage) schlecht geworden war, erhob sich, nachdem er sich erholt hatte und wieder gut fühlte, von der Scheibtruhe der Firma Karl Orthofer und Sohn, Hoch-, Tief- und Straßenbau, schüttelte den Staub ab, namentlich von der Stelle, die mit der Scheibtruhe in Berührung gekommen war, und ging seelenruhig, mutterseelenallein, aber vergnügt, heim, nach Hause, noch bevor diese blödsinnige Ehrenpromotion sub auspiciis praesidentis rei publicae, während der ihm schlecht geworden, zu Ende war.

Noch eine Schlußbemerkung, früher hätte man gesagt: Moral der Geschichte. Ein Wunder wäre es nicht, wenn einmal einem während einer Promotion sub auspiciis praesidentis rei publicae, dieser aus der Monarchie ererbten kindischen akademischen Eselei, wirklich schlecht würde, ich denke da vor allem an den Präsidenten selbst. Nichts gegen den Präsidenten. Nichts für ungut, Herr Bundespräsident.

Der Ingenieur

Natur- und Geisteswissenschaften, da liegen Welten dazwischen. Soll doch einmal einer ein Artefakt wie Goethes Faust I mit einer technischen Anlage wie einer Raffinerie vergleichen. Oh nein, Technik und Kunst gehen nicht zusammen. Im Märzen der Bauer den Traktor einspannt. Bei Dieselmotoren muß man übrigens vorglühen.

Die Künstler leiden unter einem antitechnischen Affekt. Die Kunst beginnt erst beim technischen Versagen. Auch die Religion hebt an der gleichen Stelle an. Wenn in einem Großraumflugzeug mit vielen Passagieren die Triebwerke aussetzen, setzt das Interesse der Humanwissenschaften und der Kunst ein. Viele Menschenleben an ihrem tragischen Höhepunkt – da geht jedem wahren Dramatiker das Herz über: 20 Tonnen menschliche Tragödien!

Die Karriere eines Künstlers beginnt immer mit einer schlechten Note in Mathematik. Sogar Physiker gehen von hier aus. Kann ein Künstler aber einmal ausnahmsweise rechnen, so läßt sich auch das in einer gut stilisierten Biographie als aparte Anomalie unterbringen.

Als wären Technik und Kunst, Natur und Mythos nicht längst versöhnt!, höre ich einwenden. Natürlich, natürlich, mir ist die rührende Hinwendung der Artisten ans technische Gerät nicht verborgen geblieben. Sag, wie hältst du's mit der Technik, heißt heute die Gerätefrage. Doch, liebe Leute, gleichen diese Menschen in ihrer Tollpatschigkeit nicht manchmal dem Jumbo im Porzellanladen? Ich sehe sie mit der Brechstange feinen Damenuhren an den Leib rücken. Den guten Willen sieht man mit unbewaffnetem Auge, der Sachverstand aber ist leider mikroskopisch klein und nähert sich gern der Null, ohne sie freilich aufgrund der Gesetze des Infinitesimalen je ganz zu erreichen. Mein Zwischenruf: Künstler, bleib bei deiner Technik: Von Gebrechen du singen und sagen sollst! Das funktioniert.

An und für sich dürfte die Divergenz zwischen poetisch-mythischer einerseits und szientifisch-technischer Intelligenz andererseits schon deutlich geworden sein. Doppelter Sicherheit wegen, wie sie dem Statiker und seinen Brücken abverlangt wird, erläutere ich sie aber noch in einem Beispiel (,,Eselsbrücke"). Exemplum docet, dixit Cicero (Das Beispiel belehrt, sagte Cicero).

Oder war es Horaz? Als guter Sohn nehme ich mir das Beispiel an meinem Vater. Der Altväterlichkeit bitte ich durch einen archaischen Stil Rechnung tragen zu dürfen:

Als Kind hörte ich einmal einem Gespräch zu, das mein Erzeuger, der eine Getreidemühle betrieb, mit einem Nachbarn führte, dessen Profession hier nichts zur Sache tut und deshalb unerwähnt bleiben kann. Der Nachbar war nämlich Zimmermann. Die beiden Erwachsenen unterhielten sich über einen dritten Nachbarn, einen Sägewerksbesitzer. Soweit die Exposition. Es ging nun die Rede davon, daß der Sägewerksbesitzer durch eine etwas lässigere Art der Geschäfts- und Betriebsführung hervorstach. So soll er vor allem auch die Lager seines Werkes zu wenig mit Schmieröl bedacht und so des öfteren die Gefahr des Heißlaufens derselben heraufbeschworen haben, sodaß sein kleines Werk auch rein phonetisch durch übergroßen Lärm unangenehm aufgefallen sei. Diesen Sachverhalt nun: *Nachbar 3 ölt zu wenig*, wollte Nachbar 2, der Zimmermann, Nachbarn 1 gegenüber sprachlich besonders gedrechselt und eindrucksvoll zum Ausdruck bringen, weshalb er sich zu der schweren Trope verstieg, der Sägende besitze kein *Musikgehör*, dies als Anspielung (Allusion) auf die Unempfindlichkeit des Sägemeisters gegenüber der akustischen Konsequenz des technisch bedenklichen Ölmangels. Da kam er bei meinem Vater aber gerade an den Richtigen! Mein Vater besaß nämlich seinerseits zwar dieses *Musikgehör* im metaphorischen, aber kein Musikgehör im eigentlichen Sinne und vor allem nicht die Fähigkeit, mit Redeschmuck etwas anzufangen. So nahm er, den Gegensinn nicht realisierend und unter Verlust des Verständnisses des Redezusammenhanges aus Mangel an Einsicht in das Vergleichsmäßige, das *Musikgehör* wörtlich und direkt, und da er sich auch selbst durchaus nicht im Besitz desselben wußte, dies als einen wenn auch nur indirekten Anwurf gegen seine eigene Person, was ihn schließlich zu dem zurechtweisenden Gesprächsbeitrag veranlaßte: *Du dummer Kerl, wozu braucht er denn ein Musikgehör! Schmieren soll er halt!*

Ich saß auf einem Stein, schlug ein Bein über das andere, setzte den Ellbogen meiner Rechten auf den Oberschenkel, legte meinen Kopf in die hohle Hand und dachte angestrengt darüber nach, warum die tüchtigen Techniker und Ingenieure bei gewissen Leuten nicht im höchsten

Ansehen stehen, was sie doch unzweifelhaft verdienen.
Und ich meine, ich habe die Lösung gefunden.
Sie liegt gerade in der Tüchtigkeit der Techniker!
Die Ingenieure haben alle technischen Probleme
mit einer solchen Promptheit und Zuverlässigkeit
gelöst, daß eben diese Probleme von verschie-
denen Personen, vor allem Theoretikern, aber
auch ganz unpraktischen Menschen für uner-
heblich und zweitrangig erachtet werden. Das
ist ein rein technisches Problem, heißt es, oder
auch, das ist nur noch eine technische Frage. Als
käme es dann lediglich noch darauf an, einfach
die Schwerkraft ein wenig wirken zu lassen.

Der Chefredakteur

Der Chefredakteur einer angesehenen Zeitung sollte schon von Haus aus so gut situiert sein, daß er auf dubiose und obskure Gelder aus dunklen Kanälen dankend verzichten kann. Und nicht nur der Chefredakteur selbst, auch seine Redakteure und Mitarbeiter sollten so gut entlohnt werden, daß sie sich ein wenig Ehre leisten können. Der Journalist sollte *anständig* verdienen. Ein *rechtschaffenes* Gehalt beginnt heute etwa bei 20.000 Schilling im Monat.

Um anschaulich und konkret zu sein, habe ich nach gewissenhaften Recherchen den obigen Betrag genannt, obwohl mir natürlich bewußt ist, und zwar schmerzlich, daß ich damit meinem Text nicht zur ewigen Gültigkeit, Zeitlosigkeit und Entrücktheit einer großen Dichtung verhelfe, sondern ihn gerade im Gegenteil der Tagesaktualität und ihrer Anfälligkeit fürs schnelle Veralten aussetze. Außerdem hätte ich den Betrag natürlich besser in amerikanischen Dollars oder deutschen Mark angesetzt, um meiner provinziellen Geschichte einen etwas mondäneren Anstrich und in dessen Folge auch ein wenig Geltung im Ausland zu verschaffen. Ich bleibe indessen bewußt bei meiner heimatlichen Genauigkeit, mir liegt nämlich nichts am Nobelpreis. Dies als Klarstellung.

Kehren wir bitte wieder zur Ehre zurück! Vor allem in den geräumigen Redaktionsetagen der großen Zeitungen in unseren Hauptstädten geht die Korruption um, hier hat sie Platz und kann sich bewegen. Draußen im Land aber, bei den kleinen Tages- und Wochenzeitungen, sitzen viele brave und rechtschaffene Journalisten, die ein gelbes Kuvert mit blauen Scheinen zurückweisen und ablehnen würden, aber ihnen bietet ja keiner eins an. So geht es leider oft mit der Ehre. Wo sie vorhanden ist, dort liegt sie brach und ist sie nicht gefragt und gefordert, wo sie aber anfällig ist oder überhaupt fehlt, dort wird sie zu allem Überfluß auch noch versucht. Es ist ein Skandal.

Eine Zeitung hat es naturgemäß mit Skandalen zu tun, weltpolitischen, innenpolitischen, wirtschaftlichen, gesellschaftlichen, kulturellen und sportlichen. Wir berichten von Skandalen, sagt der Chefredakteur, weil über einen Skandal nicht zu berichten seinerseits ein Skandal wäre, aber ich habe natürlich ungern den Skandal im eigenen Haus. Ich kenne den fatalen Mechanismus, sagt er, dem zufolge irgendeine Affäre bei einiger journalistischer Ungeschicklichkeit sehr schnell zur Affäre dessen wird, der vorerst nur darüber berichten sollte. Wir müssen von Berufs wegen die Nase in alles hineinstecken und bekommen deshalb oft selbst einen Stüber. Wir müssen uns einlassen und heraushalten zugleich, das ist unser Dilemma. So kann man es also auch sehen und überspitzt formulieren: Die Lämmer im Dilemma. Bitte Mitleid mit den Journalisten!

Ein völlig demoralisierter Journalist, der durch viele Redaktionen gegangen ist (was seine ethische Abrüstung und Demoralisierung bewirkt hat), sieht alles ein wenig anders. Er sagt, die Chefredakteure verfügen über ein Gesinnungs- und Meinungsmonopol. Auch Bestechungen sollen nach ihren Vorstellungen einer Genehmigungspflicht durch sie unterliegen, sagt er. Nach der Aussage meines Gewährsmannes ist es für einen kleinen Journalisten völlig gleichgültig, bei welcher Zeitung, einer Parteizeitung oder einer sogenannten unabhängigen, und unter welchem Chefredakteur immer er arbeitet. Immer schreibt er, was ihm vorgeschrieben wird. Beim Portier wird täglich die Meinung ausgegeben, die zu vertreten ist. An sich ist das bequem, sagt mein Gewährsmann, weil man sich selbst nicht viel dabei denken muß. Ich halte das für maßlos übertrieben.

So stehe denn aber der Führungsstil der Chefredakteure in Frage. Hiezu ist unter anderem zu sagen, daß die Begabung mancher Chefredakteure tatsächlich eher im herrischen Führungsstil und weniger im Zuhören gesucht werden muß. Hier bringe ich wieder einmal einen Vergleich, unterlasse es aber nicht, dessen Fußleiden, aus welchem notwendigerweise Hinken folgt, gleich mitanzukündigen. Ein Chefredakteur ähnelt also in diesem Verstand einem Dirigenten, seine Redakteure und Mitarbeiter aber dem Orchester. Damit noch nicht genug des Vergleichens. Der Dirigent gibt zwar den Ton an und den Einsatz, er hat auch viele unter sich, jene Leute nämlich, die vor ihm gewissermaßen im Orchestergraben liegen, er hat aber auch einen Herrn über sich. Dabei handelt es sich im eigentlichen Sinne um den Komponisten, der die Noten vorgeschrieben hat, im uneigentlichen Sinne unserer Komparatistik aber um den Zeitungsherausgeber, der nicht selten mit einer Partei, im speziellen Falle sogar mit der Regierungspartei zusammenfallen kann.

Wenn gesagt wird, ein Chefredakteur führt autoritär, so heißt das noch lange nicht, daß er der freien Mitarbeiterin, die die Tierecke betreut, in die Formulierung ihrer Verlustanzeigen für entlaufene Hunde und Katzen dreinreden möchte. So genau will es der Chef auch wieder nicht wissen. In diesen Bereichen ist der eigenen Initiative der Mitarbeiter und dem Vertrauen und der Großzügigkeit des Chefredakteurs Raum gegeben. Mit den Katern kann's die Tier-Dame halten, wie sie will. Auch der Brief-marken-Onkel und der Kulturredakteur haben natürlich völlig freie Hand. Das gilt im wesentlichen für den gesamten Minderheiten-Service. Selbstverständlich bedeutet das nicht, daß ein Chefredakteur nicht auch in diese abgelegenen Winkel und Ecken seines Blattes hin und wieder ein wenig hineinlesen sollte. Er muß nämlich unbedingt vermeiden, ja verhindern, daß diese an und für sich randseitigen Spalten zur Rumpel-kammer und zur reinsten Mülldeponie degene-rieren. Der Chefredakteur tut gut daran, wenn er von Zeit zu Zeit en passant zu verstehen gibt, daß er etwas zur Kenntnis genommen hat. Hat zum Beispiel der Herr, der das tägliche Kochrezept liefert, im Rahmen seiner Möglichkeiten einen kleinen Scherz in Form eines pointierten Wortspiels mitgeliefert, so fällt dem Chefredakteur durchaus kein Stein aus der Krone, wenn er zwischendurch einmal schnell in die Kammer tritt, in der der Küchenfachmann seine Rezepte zusammenbraut, und eben einmal kurz über dessen Sprachwitz lacht.

À propropos. Eine sophistische Frage im Zusammenhang des Vorvorigen: Wenn einem kleinen Lokalreporter oder Fotografen vom Chefredakteur oder auch vom Chef vom Dienst unrecht getan wurde, kann er sich dann etwa auf der Seite des Ombudsmannes ausweinen und beschweren? Antwort: Nein, er soll besser eine freimütige Aussprache mit seinen Vorgesetzten oder dem Betriebsrat, notfalls auch anschließend das Freie und Weite suchen. O Ombudsmann, schwer und schwedisch ist dieser Name zu verstehen und hart das Geschäft seines Trägers. Täglich faßt er die heißesten Eisen an, er ist ein hitziger Angreifer und macht aus einer Tageszeitung einen Hochofen oder eine Gießerei. Haben wir einmal den staatlichen

Ombudsmann, so wird auch er bald ein Gegenstand der Beschwerde bei den Ombudsmännern der Zeitungen sein. Früher gab es übrigens einmal den sogenannten Schiedsmann, der die Gerichte und Anwälte gegen geringes Entgeld vor Prozessen, die wegen der Armut der streitenden Parteien uninteressant waren, bewahrte.

Um nun das Beispiel, das wir uns bezüglich der Volksanwaltschaft an Schweden nehmen, mit dem Beispiel, das wir uns auch an der schwedischen Monarchie nehmen sollten, für unsere alpenländischen Verhältnisse zu harmonisieren und in Einklang zu bringen, präge ich den folgenden Satz: Otto for ombudsman. Unter Otto verstehe ich den letzten legitimen Erben des Hauses Habsburg, womit mein Text wieder das konkrete Niveau des Anfangs erreicht (Seite 129). So könnte man dem Haus Habsburg eine Hintertür öffnen.

Von der Armenseite blättern wir vor auf Seite 3, wo sich die Wirtschaft zur Geltung bringt, expressis verbis, enthalten ist sie ja überall und in allem. Die wenigen, die sich für die Wirtschaftsseite interessieren, stellen aber dafür im Gegensatz etwa zu anderen Minoritäten, beispielsweise den Lesern des Kulturteils, eine *qualifizierte* Minderheit dar. Darum ist dieses Publikum so wertvoll. Diejenigen, die hier lesen, *können* lesen, für sie braucht's kein ausgetüfteltes Layout, keine Bildchen. Ein Manager liest Statistiken wie andere Pornographie, die Börsenberichte sind sein Brevier, er stürzt sich auf die Kurse wie auf das Frühstücksei, obwohl sie sich in diesen inflationären Zeiten nicht selten negativ auf seinen Appetit auswirken. Aus den Lesern des Wirtschaftsteiles rekrutiert sich der Freundeskreis des Herrn Chefredakteurs. Und wöchentlich jede Menge freundschaftlichen Flachs über seine Wirtschaft im englischen Club. Oh Johnny.

Von der Seite 3 auf Seite 10 folgende, Sport. Die noble Sportart, für die sich der Chefredakteur selbst interessiert, ist hierzulande kaum dem Namen nach bekannt, Nachrichten über sie kann er aus seinem eigenen Blatt nicht beziehen. Der Sport, sagt er zu seinen Freunden im Club, und er spricht das Wort, wie man es schreibt, nämlich englisch, der Sport, sagt er, wurde nicht nur sozialisiert, sondern auch proletarisiert. Die Leute sind alle ganz unangenehm verschwitzt. Einer meiner Sportredakteure kommt manchmal im Trainingsanzug ins Büro, stellt euch vor, im Trainingsanzug, sagt der Chefredakteur und richtet sich die Krawatte.

Inhalt

RESIDENZ VERLAG

ALOIS BRANDSTETTER

DIE ABTEI

Roman. 288 Seiten. Leinen. ISBN 3-7017-0178-4

In einer oberösterreichischen Abtei wurde ein wertvoller Kelch
gestohlen. Der zuständige Gendarmerieinspektor stattet in diesem Roman dem Abt des Stiftes einen großen Bericht über
seine Ermittlungen ab. Er ergeht sich dabei oft in privaten
Erinnerungen, aber auch in den weiten Räumen der abend-
ländischen Geschichte, der Kirche und des österreichischen
und bayerischen Benediktinertums, ohne sich freilich, wie sich
letztlich herausstellt, darin zu verlieren. Eine wichtige Rolle
spielt auch die Zusammenarbeit des Inspektors mit den Zen-
tralbehörden und das Verhältnis der Bundesländer zur Haupt-
stadt Wien . . . Die Wiener Vorgesetzten nennen den Inspektor wegen seiner insistenten Klagen »Jeremias«, und wirklich
handhabt er die hohe Kunst der Lamentation mit der Leiden-
schaft und Bravour des Alten Testamentes. Geht es um Gegen-
wartsschelte oder Vergangenheitslob oder um irgendein Thema sonst, der Herr Inspektor führt eine Rede von propheti-
schem Charisma, von der Wortgewalt des Abraham a Sancta
Clara. So humorvoll und vergnüglich das geschieht, am Schluß
merkt der Leser, daß er nebenbei auch einiges dazugelernt hat.
Marcus Fabius Quintilianus schreibt in seiner Rednerschule:
doceat, moveat, delectet orator.

sonderreihe

sonderreihe

Erzählungen

Der rastlose Fluß
Geschichten
des Fin de Siècle

dtv

**Marie Luise Kaschnitz:
Lange Schatten**
243

**Wolfgang Pehnt (Hrsg.):
Der rastlose Fluß**
Englische und französische Geschichten des
Fin de Siècle
Mit Illustrationen
977

**Karl May:
Der Große Traum**
1034

Dichter Europas
erzählen Kindern
46 neue Geschichten aus 17 Ländern

dtv

**Alan Sillitoe:
Die Lumpen-
sammlerstochter**
1050

**Joachim Fernau:
Hauptmann Pax**
1068

**Gertraud Middelhauve
(Hrsg.):
Dichter Europas
erzählen Kindern**
46 neue Geschichten
aus 17 Ländern
1114